中国大学生美术作品年鉴2009

上 造型艺术卷

主编：高亚加

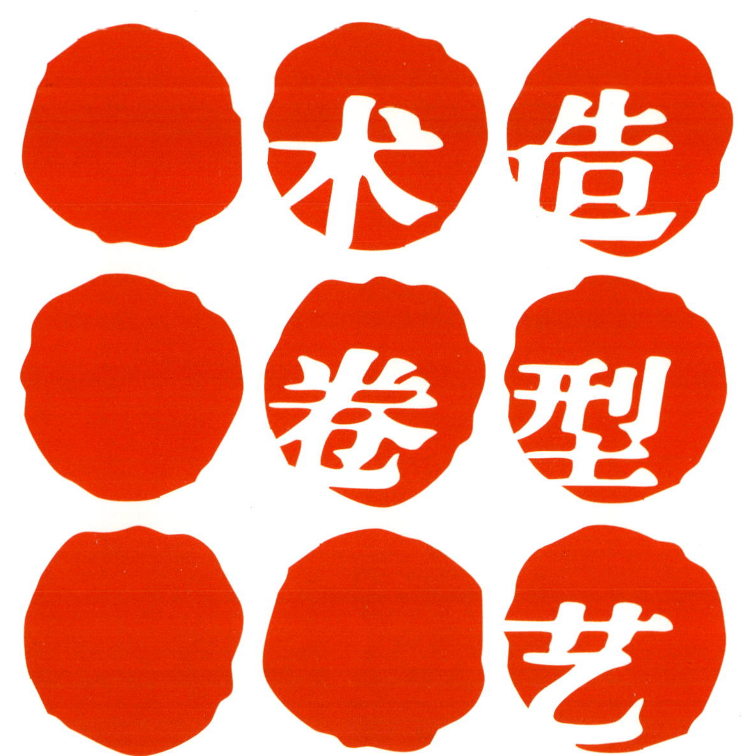

廣東省出版集團
新世纪出版社

图书在版编目(CIP)数据

中国大学生美术作品年鉴·2009（上·造型艺术卷 下·设计艺术卷）/ 高亚加主编. 一广州：新世纪出版社，2009.8
ISBN 978-7-5405-4150-7

Ⅰ.中… Ⅱ.高… Ⅲ.美术-作品-中国-2009-年鉴 Ⅳ.J121-54

中国版本图书馆CIP数据核字（2009）第142616号

出 版 人：陈锐军
责任编辑：王小斌
责任校对：梁笑玲
责任技编：王建慧

副 主 编：郭 艳、周晓青、邹 望、霍 楷
特邀编委：杨在珽、王亚非、王文明、张燕根、端木志坚
陈立民、张传涛、林严冬、徐青巍、方利民
刘崇伟、聂劲权、张松溪、邢义杰、赵琳琳
张永年、邹文兵、严 昊、董 霞、张晓琳
孟祥武、王传兴、饶娟娟、罗 凯、明 兰
龚晓青、翁安华、何 轩、张 娜、张 伟
王中林、姜 龙、张 颖、傅潇莹

设计制作：周晓青、区文翔

特约合作：中国艺术设计联盟 http://www.arting365.com
独家专业网络合作伙伴：视觉中国 http://www.chinavisual.com
媒介支持：视觉同盟 http://www.visionunion.com
中国设计之窗 http://www.333cn.com
数字设计作品备案中心 http://www.szdc.org
美术中国 http://www.ART86.cn
插画中国 http://www.chahua.org
创意在线 http://www.52design.com
平面帝国 http://www.cmvk.com

中国大学生美术作品年鉴·2009（上·造型艺术卷）
主 编：高亚加

出版发行：新世纪出版社
地 址：广州市大沙头四马路10号
经 销：新华书店
印 刷：广州汉鼎印务有限公司
地 址：广州天河区棠东高沙工业区广棠路21号
开 本：889mm×1194mm 1/16
印 张：28
字 数：280千
印 数：1-3000册
版 次：2009年8月第1版 2009年8月第1次印刷
书 号：ISBN 978-7-5405-4150-7

目录

序

高亚加 GAO YA JIA

从流金铄石的盛夏到金风送爽的仲秋，编委会经过选稿、编辑、印制、出版等项繁冗的操作流程，《中国大学生美术作品年鉴 · 2009》(以下简称《年鉴》)终于与广大读者见面了。这是《年鉴》的作者与编者共同精心打造的。恰逢国庆60周年之际，让我们以此书作为献给国庆60周年的礼物吧！

《年鉴》整合了“造型”与“设计”两大类艺术作品。应征稿件来自祖国内陆及港、澳、台等地，编委会共收到应征作品2.1万件，经严格评审，选录优秀作品3100件，入选作品的质量与数量均高于往届。

《年鉴》设计精美，版式整体，装帧别致，丰富多彩，较好地反映了中国高校美术专业大学生目前的创作潜质与艺术风貌。作为编者，我们期待的不仅仅是现时作品的艺术创作水平，编委会希望每通过一次征稿，都能促进大学生在创作思路上擦出新的火花，推动交流，从而达到创作水平的进一步提升的目的，激励其在艺术的道路上更加开拓进取。《年鉴》只是搭建一方平台，在漫漫人生路上，越来越多的未来艺术家们将以这一平台为起点，崭露头角，一显身手。《年鉴》向社会展现当代大学生的创作才华和艺术风采。

翻阅《年鉴》，可以获得多层面多角度的视觉欣赏愉悦，作品取材广泛，内容丰富，风格多样，意境清新，创作思路开放，表现手法多元，充满生机与灵性，具有一定设计品位与可贵的学术价值。

回顾中国画坛，有许多名满天下的美术大师，璀璨于中华文明历史的星空。我们应虔诚继承中国艺术的优良传统，推陈出新，再创辉煌。

拿起你的画笔，让思想连接远古，让目光眺望未来。

油画

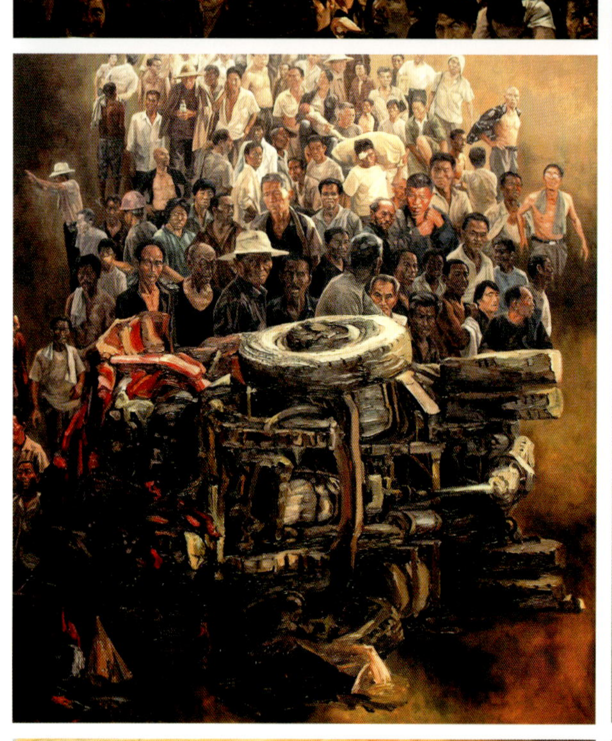

编　　号：A
作品名称：同舟
作　　者：肖剑波
指导教师：潘晓东
所在院校：西安美术学院

编　　号：B
作品名称：车
作　　者：肖剑波
指导教师：潘晓东
所在院校：西安美术学院

编　　号：C
作品名称：旗
作　　者：肖剑波
指导教师：潘晓东
所在院校：西安美术学院

编　　号：D
作品名称：冷却
作　　者：冯保玉
指导教师：陈向兵
所在院校：深圳大学

编　　号：E
作品名称：被遗弃的鞋
作　　者：陈小将
指导教师：周一清
所在院校：南京艺术学院

A | D
B |
C | E

编　　号：A
作品名称：我们的都市生活
作　　者：王一
指导教师：孙为民、孙逊
所在院校：中央美术学院

编　　号：B
作品名称：电焊工
作　　者：向有为
指导教师：何明惠
所在院校：湖南科技学院

编　　号：C
作品名称：月
作　　者：肖剑波
指导教师：潘晓东
所在院校：西安美术学院

编　　号：D、E
作品名称：蘖(1-2)
作　　者：胡朝阳
指导教师：薛峰
所在院校：中国美术学院

编　　号：A
作品名称：父母和兄弟
作　　者：韦宗强
指导教师：庞茂琨
所在院校：四川美术学院

编　　号：B、C
作品名称：思(1-2)
作　　者：韦宗强
指导教师：庞茂琨
所在院校：四川美术学院

编　　号：D
作品名称：凝
作　　者：刘伟宏
指导教师：杨树炫
所在院校：陕西师范大学

编　　号：E
作品名称：晴
作　　者：代雪晴
指导教师：肖旭琳
所在院校：云南师范大学

A	D
B	
C	E

编　　号：A、B、C
作品名称：戒烟令(1–3)
作　　者：张伟
指导教师：於平
所在院校：山西大学

编　　号：D
作品名称：女青年
作　　者：王惠
指导教师：戴艳萍
所在院校：山东大学

编　　号：E
作品名称：状态之二
作　　者：马新君
指导教师：李犁
所在院校：重庆大学

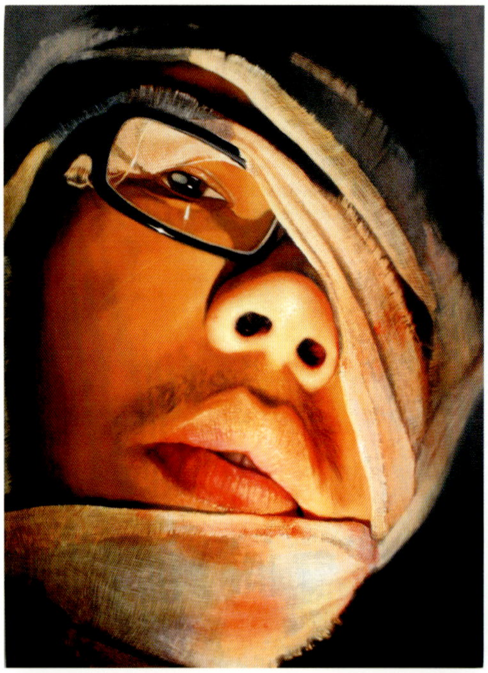

A	B
C	D
E	F

编　　号：A
作品名称：伤
作　　者：周杰
指导教师：钟飙、朱海
所在院校：四川美术学院

编　　号：B
作品名称：他
作　　者：米姗姗
指导教师：张志坚、刘仁杰
所在院校：鲁迅美术学院

编　　号：C
作品名称：紫佛
作　　者：张玲
指导教师：齐战中
所在院校：天津师范大学

编　　号：D
作品名称：花思
作　　者：张玲
指导教师：齐战中
所在院校：天津师范大学

编　　号：E
作品名称：女头像
作　　者：钟志华
指导教师：吴建陵
所在院校：湖南科技学院

编　　号：F
作品名称：女人头像
作　　者：折长龙
指导教师：孟欣
所在院校：西安美术学院

A	E
B	F
C	
D	G

编　　号：A
作品名称：希望
作　　者：李创
所在院校：湖南师范大学

编　　号：B
作品名称：对待爱NO.3
作　　者：乔永杰
指导教师：刘颖悟
所在院校：广东技术师范学院

编　　号：C
作品名称：肖像
作　　者：陈小将
指导教师：周一清
所在院校：南京艺术学院

编　　号：D
作品名称：双生花
作　　者：易凤霞
指导教师：宁夏
所在院校：三峡大学

编　　号：E
作品名称：留神
作　　者：谢宇华
指导教师：黄润生
所在院校：西华师范大学

编　　号：F
作品名称：自画像
作　　者：崔衡晋
指导教师：何建成
所在院校：广州美术学院

编　　号：G
作品名称：静谧之永恒
作　　者：易凤霞
指导教师：宁夏
所在院校：三峡大学

A B
C D
E

编　　号：A
作品名称：老人
作　　者：郝少南
指导教师：牧之
所在院校：海南大学

编　　号：B
作品名称：婆婆像
作　　者：包彦荣
指导教师：代勇祥
所在院校：内江师范学院

编　　号：C
作品名称：抱
作　　者：黎文
指导教师：罗灵
所在院校：江门职业技术学院

编　　号：D
作品名称：二大爷
作　　者：尹统
指导教师：荣志彬
所在院校：四川理工学院

编　　号：E
作品名称：坚强的守望
作　　者：倪春雷
指导教师：刘洵
所在院校：四川西华大学

A B G
C D H
E F

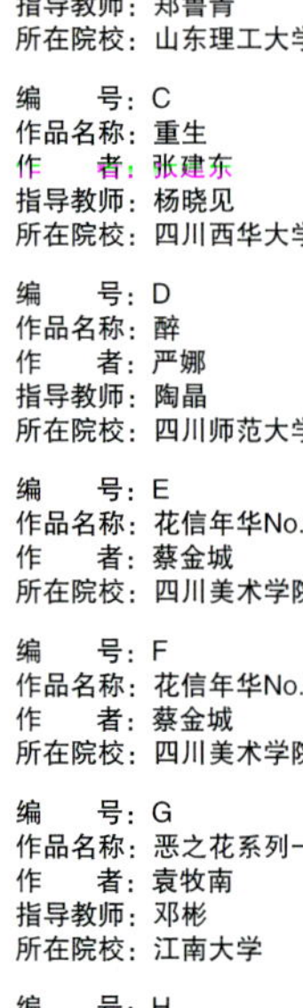

编　　号：A
作品名称：2009.01
作　　者：王威
指导教师：郑鲁青
所在院校：山东理工大学

编　　号：B
作品名称：2009.02
作　　者：王威
指导教师：郑鲁青
所在院校：山东理工大学

编　　号：C
作品名称：重生
作　　者：张建东
指导教师：杨晓见
所在院校：四川西华大学

编　　号：D
作品名称：醉
作　　者：严娜
指导教师：陶晶
所在院校：四川师范大学

编　　号：E
作品名称：花信年华No.5
作　　者：蔡金城
所在院校：四川美术学院

编　　号：F
作品名称：花信年华No.3
作　　者：蔡金城
所在院校：四川美术学院

编　　号：G
作品名称：恶之花系列一
作　　者：袁牧南
指导教师：邓彬
所在院校：江南大学

编　　号：H
作品名称：恶之花系列二
作　　者：袁牧南
指导教师：邓彬
所在院校：江南大学

编　　号：A、B
作品名称：自画像(2–3)
作　　者：刘春雨
指导教师：崔俊
所在院校：延边大学

编　　号：C
作品名称：候
作　　者：吕璜
指导教师：关红实
所在院校：厦门大学

编　　号：D
作品名称：乡烟
作　　者：李嘉
指导教师：陈杰雄、余力茵
所在院校：广东文艺职业学院

编　　号：E
作品名称：秋实
作　　者：崔晓军
指导教师：向云根
所在院校：吉首大学

编　　号：F
作品名称：羌人盛事
作　　者：仪滨
指导教师：刘戈
所在院校：内江师范学院

编　　号：G
作品名称：小红帽
作　　者：张剑
指导教师：尔宝瑞
所在院校：天津美术学院

A	B
C	D
E	F

编　　号：A
作品名称：大一女生
作　　者：黄高生
指导教师：张宏伟
所在院校：重庆三峡学院

编　　号：B
作品名称：京戏
作　　者：郭静
指导教师：肖锋
所在院校：华中师范大学

编　　号：C
作品名称：靠椅上的女人
作　　者：吴庭昌
指导教师：潘晓东
所在院校：西安美术学院

编　　号：D
作品名称：青春读本
作　　者：朱娅
指导教师：金晶石
所在院校：上海大学

编　　号：E
作品名称：遥望
作　　者：周晶
所在院校：陕西师范大学

编　　号：F
作品名称：看书的小女孩
作　　者：聂继春
所在院校：天津工业大学

A	B
C	D
E	F

编　　号：A
作品名称：四教的保安
作　　者：许茜茜
指导教师：张鸿翔
所在院校：四川师范大学

编　　号：B
作品名称：老人半身像
作　　者：夏玥
指导教师：王卿
所在院校：西安美术学院

编　　号：C
作品名称：唠嗑
作　　者：邵华
指导教师：崔俊
所在院校：延边大学

编　　号：D
作品名称：田叔
作　　者：尹统
指导教师：荣志彬
所在院校：四川理工学院

编　　号：E
作品名称：牧民
作　　者：阿拉木沙
指导教师：王中林
所在院校：赤峰学院

编　　号：F
作品名称：错过
作　　者：江春良
指导教师：孙大量
所在院校：南京艺术学院

A	B
C	D
E	F

编　　号：A
作品名称：山音
作　　者：梁武城
指导教师：张辉
所在院校：广东文艺职业学院

编　　号：B
作品名称：等待
作　　者：张钰杰
所在院校：云南艺术学院

编　　号：C
作品名称：山花
作　　者：张剑
指导教师：尔宝瑞
所在院校：天津美术学院

编　　号：D
作品名称：审视
作　　者：侯虹旭
指导教师：杨松林
所在院校：山东大学

编　　号：E
作品名称：巴图
作　　者：阿拉木沙
指导教师：周来星
所在院校：赤峰学院

编　　号：F
作品名称：梦
作　　者：曾乙兰
指导教师：周建宏
所在院校：海南师范大学

A	B
C	D
E	F

编　　号：A
作品名称：待
作　　者：刘东京
所在院校：玉林师范学院

编　　号：B
作品名称：归
作　　者：陈玲玲
指导教师：林若夫、余力茵
所在院校：广东文艺职业学院

编　　号：C
作品名称：黄色诱惑
作　　者：薛标
指导教师：张宏伟
所在院校：重庆三峡学院

编　　号：D
作品名称：半身像
作　　者：张德权
指导教师：王素云
所在院校：赤峰学院

编　　号：E
作品名称：微笑
作　　者：张涛
指导教师：周世波
所在院校：吉首大学

编　　号：F
作品名称：同学
作　　者：梅建肖
指导教师：郭逢晨
所在院校：河北师范大学

A	B
C	D
E	F
G	H

编　　号：A
作品名称：一方有难，八方支援
作　　者：聂继春
所在院校：天津工业大学

编　　号：B
作品名称：双人体
作　　者：盛凯
指导教师：祁海平
所在院校：天津美术学院

编　　号：C
作品名称：青春(1)
作　　者：张剑飞
指导教师：李琦文
所在院校：江南大学

编　　号：D
作品名称：原野
作　　者：李建
指导教师：刘询
所在院校：西华大学

编　　号：E
作品名称：守望
作　　者：朱娅
指导教师：金晶石
所在院校：上海大学

编　　号：F
作品名称：湖边
作　　者：翁昊
指导教师：冯健男
所在院校：上海中侨职业技术学院

编　　号：G
作品名称：凝望
作　　者：朱文佳
指导教师：唐志刚
所在院校：云南艺术学院

编　　号：H
作品名称：鸟志
作　　者：曾波
指导教师：俞可
所在院校：四川美术学院

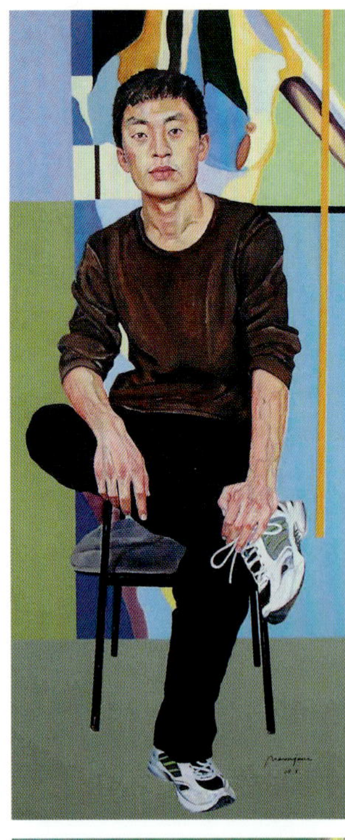

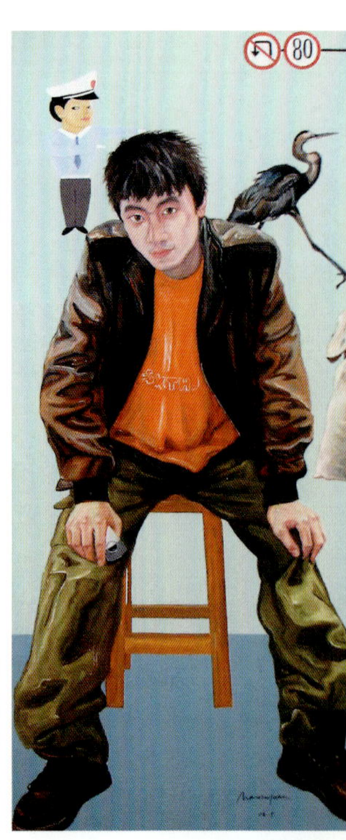

A	B	C
	D	
E	F	

编　　号：A
作品名称：A-1
作　　者：马新君
指导教师：李犁
所在院校：重庆大学

编　　号：B
作品名称：A-2
作　　者：马新君
指导教师：李犁
所在院校：重庆大学

编　　号：C
作品名称：A-3
作　　者：马新君
指导教师：李犁
所在院校：重庆大学

编　　号：D
作品名称：悠闲-生活
作　　者：曾杰
指导教师：冯建宇
所在院校：鲁迅美术学院

编　　号：E
作品名称：夜
作　　者：张健
指导教师：向极鼎
所在院校：湖北民族学院

编　　号：F
作品名称：出口(2)
作　　者：张健
指导教师：向极鼎
所在院校：湖北民族学院

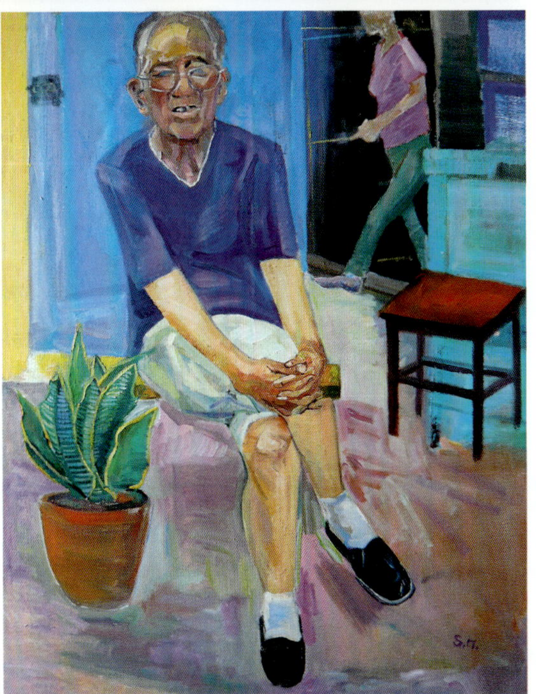

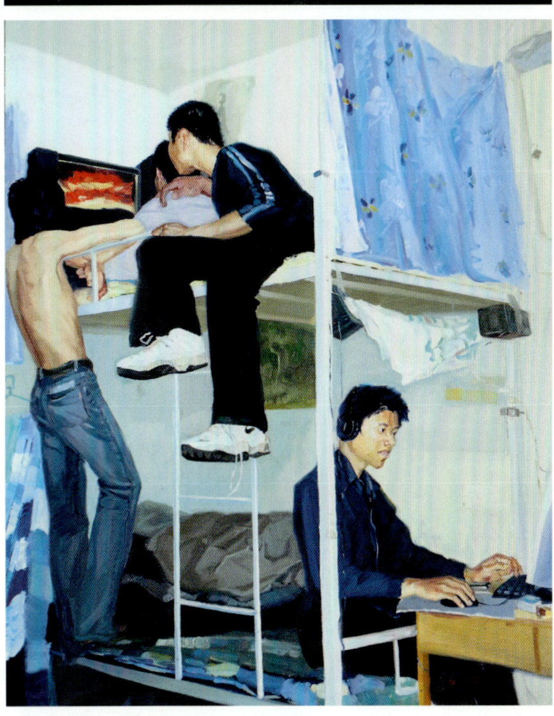

A	B
C	D
E	F

编　　号：A、B
作品名称：无题系列(1-2)
作　　者：王宝虎
指导教师：刘浩杰
所在院校：赤峰学院

编　　号：C
作品名称：爷爷
作　　者：邵华
指导教师：崔俊
所在院校：延边大学

编　　号：D
作品名称：迷茫
作　　者：和建华
指导教师：祁海峰、刘春龙、翟建平
所在院校：河北经贸大学

编　　号：E
作品名称：守望
作　　者：杨平
指导教师：齐常青
所在院校：赤峰学院

编　　号：F
作品名称：夏
作　　者：林硕
指导教师：姚榕华
所在院校：山东大学

A
B C
D E

编　　号：A
作品名称：罗丹与卡密尔组画
作　　者：李琪莉
指导教师：游二川
所在院校：重庆大学

编　　号：B
作品名称：依琳公主
作　　者：于金民
所在院校：吉林艺术学院

编　　号：C
作品名称：男青年
作　　者：胡双江
指导教师：刘春龙、翟建平
所在院校：河北经贸大学

编　　号：D
作品名称：女青年
作　　者：胡双江
指导教师：刘春龙、翟建平
所在院校：河北经贸大学

编　　号：E
作品名称：失落
作　　者：和建华
指导教师：刘春龙、翟建平
所在院校：河北经贸大学

A B G
C D
E F H

编　　号：A
作品名称：兼职·画室日记
作　　者：吕璜
指导教师：关红实
所在院校：厦门大学

编　　号：B
作品名称：青春
作　　者：袁凤
指导教师：李生琦
所在院校：海南师范大学

编　　号：C
作品名称：女人体
作　　者：张德权
指导教师：王素云
所在院校：赤峰学院

编　　号：D
作品名称：女人体
作　　者：程晓捷
指导教师：沈行工
所在院校：南京艺术学院

编　　号：E
作品名称：双人体
作　　者：王超
指导教师：王中林
所在院校：赤峰学院

编　　号：F
作品名称：萨杰
作　　者：蔡金城
指导教师：陈安健
所在院校：四川美术学院

编　　号：G
作品名称：女青年全身像
作　　者：陈文苑
指导教师：罗琦
所在院校：广州美术学院

编　　号：H
作品名称：出浴图
作　　者：袁凤
指导教师：李生琦
所在院校：海南师范大学

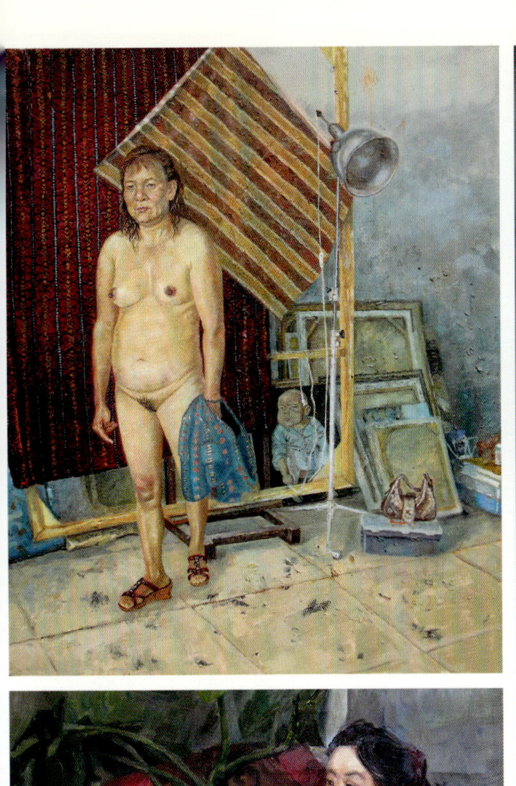

A | B
C
D | E

编　　号：A
作品名称：倾听
作　　者：张剑龙
指导教师：郝强
所在院校：福建商业高等专科学校

编　　号：B
作品名称：融·山河
作　　者：张剑龙
指导教师：郝强
所在院校：福建商业高等专科学校

编　　号：C
作品名称：寄生世界
作　　者：李汉周
指导教师：江衡
所在院校：广东工业大学

编　　号：D
作品名称：香水有毒之一
作　　者：马瑞兰
指导教师：高鹏
所在院校：内蒙古大学

编　　号：E
作品名称：我的研究生同学
作　　者：马瑞兰
指导教师：高鹏
所在院校：内蒙古大学

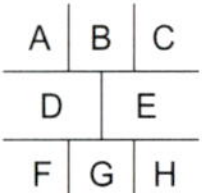

编　　号：A、B、C
作品名称：童装系列(1-3)
作　　者：吴知颖
指导教师：江衡
所在院校：广东工业大学

编　　号：D
作品名称：父亲
作　　者：刘峥
指导教师：刘斌
所在院校：湖南科技学院

编　　号：E
作品名称：母爱无疆
作　　者：刘超
指导教师：徐斌
所在院校：成都大学

编　　号：F
作品名称：果餐之夜
作　　者：张建东
指导教师：杨晓见
所在院校：四川西华大学

编　　号：G
作品名称：男人体
作　　者：陈发明
指导教师：伊林春
所在院校：三明学院

编　　号：H
作品名称：佳宝儿
作　　者：王骁猛
指导教师：侯庆峰
所在院校：吉林艺术学院

孩子
妈妈永远爱

A D
B E
C F
G

编　　号：A
作品名称：双人体
作　　者：索雪雨
指导教师：唐家庆
所在院校：赤峰学院

编　　号：B
作品名称：期盼
作　　者：韦宗强
指导教师：庞茂琨
所在院校：四川美术学院

编　　号：C
作品名称：老当益壮
作　　者：孙晓东
指导教师：袁敏
所在院校：厦门大学

编　　号：D
作品名称：飞机墓地
作　　者：王路涛
指导教师：赵晓东
所在院校：重庆大学

编　　号：E
作品名称：在路上
作　　者：王路涛
指导教师：赵晓东
所在院校：重庆大学

编　　号：F
作品名称：湖边小港
作　　者：程晓捷
指导教师：沈行工
所在院校：南京艺术学院

编　　号：G
作品名称：古城
作　　者：程晓捷
指导教师：沈行工
所在院校：南京艺术学院

A B
C D
E F
G H

编　　号：A
作品名称：夜曲
作　　者：李汉周
指导教师：蒋弘烨
所在院校：广东工业大学

编　　号：B
作品名称：曾经・突然
作　　者：谢宇华
指导教师：刘伟
所在院校：西华师范大学

编　　号：C
作品名称：城市夜间地形图
作　　者：吴定鎏
指导教师：陈千
所在院校：南昌大学

编　　号：D
作品名称：城市印象
作　　者：吴定鎏
指导教师：陈千
所在院校：南昌大学

编　　号：E
作品名称：爱的背后
作　　者：林惠平
所在院校：福建师范大学

编　　号：F
作品名称：荷塘
作　　者：吕青
所在院校：湖北大学

编　　号：G
作品名称：太极
作　　者：刘彦红
指导教师：林学伟
所在院校：哈尔滨理工大学

编　　号：H
作品名称：旧沙发
作　　者：王弘博
指导教师：李朝辉
所在院校：西南交通大学

A	B
C	D
E	F

编　　号：A
作品名称：种子——不可实用
作　　者：唐睿
指导教师：王强
所在院校：安徽大学

编　　号：B
作品名称：木箱
作　　者：李捷
指导教师：蒋弘烨
所在院校：广东工业大学

编　　号：C
作品名称：牛头
作　　者：石君君
指导教师：刘忠凯
所在院校：太原科技大学

编　　号：D
作品名称：岁月
作　　者：李锦恩
所在院校：广东工业大学

编　　号：E
作品名称：岁月
作　　者：刘佳敏
指导教师：王海龙
所在院校：河北农业大学

编　　号：F
作品名称：源·缘
作　　者：周梦莎
指导教师：陈娜
所在院校：中山大学

A	B
C	D
E	F
G	H

编　　号：A
作品名称：炼
作　　者：陈杏仪
指导教师：蒋弘烨
所在院校：广东工业大学

编　　号：B
作品名称：静物
作　　者：陈发明
指导教师：周小平
所在院校：三明学院

编　　号：C
作品名称：山楂与壶
作　　者：边赛兰
指导教师：梁艳
所在院校：兰州交通大学

编　　号：D
作品名称：荷
作　　者：张丽萍
指导教师：邹颖
所在院校：三江学院

编　　号：E
作品名称：鱼
作　　者：马勇
指导教师：梁艳
所在院校：兰州交通大学

编　　号：F
作品名称：静物
作　　者：刘传志
指导教师：王庆典
所在院校：滨州学院

编　　号：G
作品名称：静物
作　　者：马勇
指导教师：梁艳
所在院校：兰州交通大学

编　　号：H
作品名称：油画静物(1)
作　　者：于晖
指导教师：刘崇伟
所在院校：大连外国语学院

A	B
C	D
E	F

编　　号：A
作品名称：油画静物(2)
作　　者：于晖
指导教师：刘崇伟
所在院校：大连外国语学院

编　　号：B
作品名称：当花凋落时
作　　者：李广胜
指导教师：章晋荔
所在院校：湛江师范学院

编　　号：C
作品名称：色彩静物(1)
作　　者：雷家昌
指导教师：周安平
所在院校：西北民族大学

编　　号：D
作品名称：枯枝
作　　者：田洁
指导教师：姚凯
所在院校：山东大学

编　　号：E
作品名称：痴
作　　者：沈煦阳
指导教师：梁力宏
所在院校：温州大学

编　　号：F
作品名称：静物
作　　者：王超
指导教师：王中林
所在院校：赤峰学院

A	B
C	D
E	F
G	H

编　　号：A
作品名称：罐子
作　　者：裴开宁
指导教师：张凌
所在院校：宁夏师范学院

编　　号：B
作品名称：回归秋意
作　　者：谢昆明
指导教师：张洪亮
所在院校：广东工业大学

编　　号：C
作品名称：静物
作　　者：于钦秋
所在院校：南京师范大学

编　　号：D
作品名称：有骷髅的静物
作　　者：包彦荣
指导教师：代勇祥
所在院校：内江师范学院

编　　号：E
作品名称：木棉花
作　　者：蒋洪
指导教师：马遥
所在院校：西南大学

编　　号：F
作品名称：迷恋
作　　者：谢昆明
指导教师：张洪亮
所在院校：广东工业大学

编　　号：G
作品名称：色彩静物(2)
作　　者：雷家昌
指导教师：周安平
所在院校：西北民族大学

编　　号：H
作品名称：青花
作　　者：于金民
所在院校：吉林艺术学院

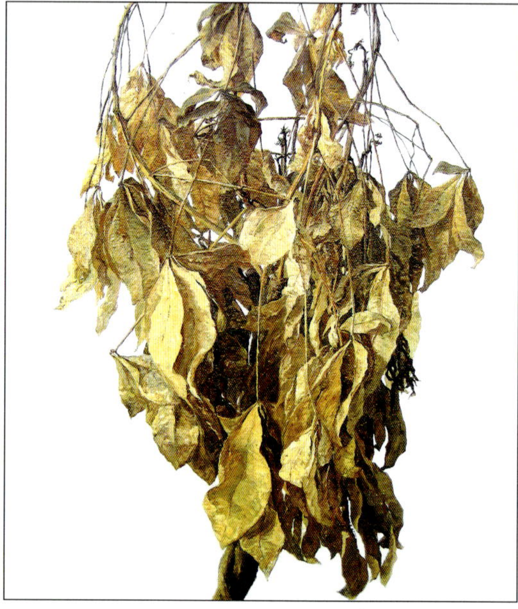

A	B
C	D
E	F

编　　号：A
作品名称：秋韵
作　　者：锁冬冬
指导教师：陈扬
所在院校：湖南理工学院

编　　号：B
作品名称：惑
作　　者：沈煦阳
指导教师：梁力宏
所在院校：温州大学

编　　号：C
作品名称：星夜
作　　者：谢武良
指导教师：蒋弘烨
所在院校：广东工业大学

编　　号：D
作品名称：灰色天际
作　　者：李创
所在院校：湖南师范大学

编　　号：E
作品名称：说唱俑
作　　者：高嵩
指导教师：吴维佳
所在院校：南京师范大学

编　　号：F
作品名称：盛夏
作　　者：陈依纯
所在院校：嘉应大学

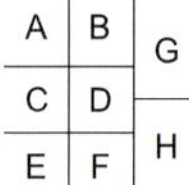

编　　号：A
作品名称：青花No.1
作　　者：程晓捷
指导教师：沈行工
所在院校：南京艺术学院

编　　号：B
作品名称：青花No.2
作　　者：程晓捷
指导教师：沈行工
所在院校：南京艺术学院

编　　号：C
作品名称：古镇情
作　　者：代成林
指导教师：代祥勇
所在院校：内江师范学院

编　　号：D
作品名称：五角星
作　　者：苏圣雄
指导教师：田亮
所在院校：四川师范大学

编　　号：E
作品名称：岁月・流逝(2)
作　　者：莫小敏
指导教师：付强
所在院校：安徽大学

编　　号：F
作品名称：鱼
作　　者：陈世鸣
指导教师：丁琴
所在院校：黄山学院

编　　号：G
作品名称：倒影
作　　者：蒋洪
指导教师：马遥
所在院校：西南大学

编　　号：H
作品名称：榕
作　　者：朱凯
所在院校：闽江学院

A	B
C	D
E	F

编　　号：A
作品名称：枯
作　　者：吴定鎏
指导教师：陈千
所在院校：南昌大学

编　　号：B
作品名称：静物
作　　者：倪怀勇
指导教师：刘明来
所在院校：安徽农业大学

编　　号：C
作品名称：被遗忘的角落
作　　者：冯祺
指导教师：姜龙
所在院校：攀枝花学院

编　　号：D
作品名称：有佛头的静物
作　　者：于钦秋
所在院校：南京师范大学

编　　号：E
作品名称：静物
作　　者：高嵩
指导教师：吴维佳
所在院校：南京师范大学

编　　号：F
作品名称：鸡冠花
作　　者：马刚
指导教师：王春燕
所在院校：曲阜师范大学

A	B
C	D
E	F
G	H

编　　号：A
作品名称：伺机
作　　者：马明明
指导教师：纳建宁
所在院校：北方民族大学

编　　号：B
作品名称：依偎
作　　者：马明明
指导教师：纳建宁
所在院校：北方民族大学

编　　号：C
作品名称：西风
作　　者：许智维
指导教师：陈各其
所在院校：江门职业技术学院

编　　号：D
作品名称：食觅
作　　者：王金洪
指导教师：高云龙
所在院校：云南师范大学

编　　号：E
作品名称：荷塘之秋
作　　者：苏依勒其其格
指导教师：王中林
所在院校：赤峰学院

编　　号：F
作品名称：树之印象
作　　者：蒋丽
所在院校：重庆大学

编　　号：G
作品名称：飘移
作　　者：李捷
指导教师：蒋弘烨
所在院校：广东工业大学

编　　号：H
作品名称：门洞
作　　者：陈依纯
指导教师：曹应秋
所在院校：嘉应大学

A	B
C	D
E	F

编　　号：A
作品名称：风景
作　　者：肖国梁
所在院校：宝鸡文理学院

编　　号：B
作品名称：屏山小景
作　　者：李杨
指导教师：刘永健
所在院校：湖南师范大学

编　　号：C
作品名称：吊脚楼
作　　者：吴延宾
指导教师：罗凯
所在院校：内江师范学院

编　　号：D
作品名称：庄户人家
作　　者：刘洋
指导教师：刘岱兵
所在院校：泰山学院

编　　号：E
作品名称：屋顶和天
作　　者：李杨
指导教师：刘永健
所在院校：湖南师范大学

编　　号：F
作品名称：小径
作　　者：折长龙
指导教师：李真胜
所在院校：西安美术学院

A	B
C	D
E	F
G	H

编　　号：A
作品名称：春野
作　　者：廖华平
所在院校：内江师范学院

编　　号：B
作品名称：残雪
作　　者：吴延宾
指导教师：罗凯
所在院校：内江师范学院

编　　号：C
作品名称：克旗风景
作　　者：高雪峰
指导教师：王中林
所在院校：赤峰学院

编　　号：D
作品名称：雪景
作　　者：王惠
指导教师：戴艳萍
所在院校：山东大学

编　　号：E
作品名称：农舍
作　　者：曹中琴
指导教师：黄润生
所在院校：西华师范大学

编　　号：F
作品名称：雨后
作　　者：张钰杰
所在院校：云南艺术学院

编　　号：G
作品名称：乡村系列三
作　　者：曹中琴
指导教师：黄润生
所在院校：西华师范大学

编　　号：H
作品名称：徽居
作　　者：倪怀勇
指导教师：刘明来
所在院校：安徽农业大学

A	B
C	D
E	F

编　　号：A
作品名称：油菜花的季节
作　　者：倪端端
所在院校：成都理工大学

编　　号：B
作品名称：悠悠蒙山情
作　　者：王素云
指导教师：李平
所在院校：山东大学

编　　号：C
作品名称：美
作　　者：叶文龙
指导教师：林若夫
所在院校：广东文艺职业学院

编　　号：D
作品名称：世外桃源
作　　者：邵一林
指导教师：郝昕
所在院校：浙江工商大学

编　　号：E
作品名称：红山秋荷
作　　者：苏依勒其其格
指导教师：王中林
所在院校：赤峰学院

编　　号：F
作品名称：四季系列(冬)
作　　者：孙健
指导教师：周仕超
所在院校：山东艺术学院

A	B
C	D
E	F
G	H

编　　号：A
作品名称：金秋十月
作　　者：罗雨
指导教师：吴坚
所在院校：四川师范大学

编　　号：B
作品名称：秋意
作　　者：罗雨
指导教师：吴坚
所在院校：四川师范大学

编　　号：C
作品名称：油画风景(1)
作　　者：杨峻峰
所在院校：哈尔滨学院

编　　号：D
作品名称：油画风景(4)
作　　者：杨峻峰
所在院校：哈尔滨学院

编　　号：E
作品名称：山外
作　　者：刘凯旋
指导教师：李福岩
所在院校：广西艺术学院

编　　号：F
作品名称：白色的海
作　　者：刘凯旋
指导教师：李福岩
所在院校：广西艺术学院

编　　号：G
作品名称：高本斯的古堡
作　　者：罗霏
所在院校：上海交通大学

编　　号：H
作品名称：俯瞰下的新天鹅堡
作　　者：罗霏
所在院校：上海交通大学

A	B
C	D
E	F
G	H

编　　号：A
作品名称：空间延伸
作　　者：崔衡晋
指导教师：何建成
所在院校：广州美术学院

编　　号：B
作品名称：空间延伸·井
作　　者：崔衡晋
指导教师：何建成
所在院校：广州美术学院

编　　号：C
作品名称：雨中村庄
作　　者：程晓捷
指导教师：沈行工
所在院校：南京艺术学院

编　　号：D
作品名称：山里人家
作　　者：程晓捷
指导教师：沈行工
所在院校：南京艺术学院

编　　号：E
作品名称：布朗运动式的历史
作　　者：李琪莉
指导教师：游二川
所在院校：重庆大学

编　　号：F
作品名称：荷
作　　者：宁霄冲
所在院校：襄樊学院

编　　号：G
作品名称：梦之花系列(30)
作　　者：孟志华
指导教师：刘春龙
所在院校：河北经贸大学

编　　号：H
作品名称：徒劳无功
作　　者：占超群
指导教师：陈翔宇
所在院校：海南大学

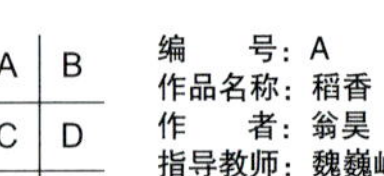

编　　号：A
作品名称：稻香
作　　者：翁昊
指导教师：魏巍峰
所在院校：上海中侨职业技术学院

编　　号：B
作品名称：安静
作　　者：张华龙
指导教师：张洪忠
所在院校：山东艺术学院

编　　号：C
作品名称：村庄
作　　者：梁任
指导教师：谭志锋
所在院校：广西民族大学

编　　号：D
作品名称：三月
作　　者：刘文婕
指导教师：荣志彬
所在院校：四川理工学院

编　　号：E
作品名称：乡村
作　　者：梁任
指导教师：谭志锋
所在院校：广西民族大学

编　　号：F
作品名称：美人蕉
作　　者：卜英杰
指导教师：广庭渤、唐书民
所在院校：沈阳师范大学

编　　号：G
作品名称：风景
作　　者：郭文文
指导教师：王中林
所在院校：赤峰学院

编　　号：H
作品名称：克旗雪景
作　　者：王娜
指导教师：王中林
所在院校：赤峰学院

A	B
C	D
E	F
G	H

编　　号：A
作品名称：桥
作　　者：祝敏佳
指导教师：邓安克
所在院校：云南艺术学院

编　　号：B
作品名称：夕照
作　　者：刁颖、马咏梅
指导教师：刘曙光
所在院校：西南大学

编　　号：C
作品名称：老街
作　　者：张平
指导教师：龙智峰
所在院校：玉林师范学院

编　　号：D
作品名称：幻系列(1)
作　　者：杨博
所在院校：西北大学

编　　号：E、F
作品名称：左山右水系列(1-2)
作　　者：杨丽
指导教师：张淳
所在院校：山东艺术学院

编　　号：G
作品名称：山·遐想
作　　者：杨丽
指导教师：杨庆义
所在院校：山东艺术学院

编　　号：H
作品名称：陕北印象
作　　者：杨丽
指导教师：杨庆义
所在院校：山东艺术学院

A	B
C	D
E	F
G	H

编　　号：A
作品名称：江南印象
作　　者：李波
指导教师：施建华
所在院校：海南师范大学

编　　号：B
作品名称：那天有云飘过
作　　者：唐睿
指导教师：傅强
所在院校：安徽大学

编　　号：C
作品名称：冬荷
作　　者：林硕
指导教师：李平
所在院校：山东大学

编　　号：D
作品名称：梦之花系列(2)
作　　者：孟志华
指导教师：翟建平
所在院校：河北经贸大学

编　　号：E
作品名称：归途
作　　者：冯祺
指导教师：姜龙
所在院校：攀枝花学院

编　　号：F
作品名称：海边日落
作　　者：刘海鹏
指导教师：李公君
所在院校：吉林大学

编　　号：G
作品名称：梦中的故乡
作　　者：曾杰
指导教师：冯建宇
所在院校：鲁迅美术学院

编　　号：H
作品名称：沂蒙山小调
作　　者：张华龙
指导教师：张洪忠
所在院校：山东艺术学院

A	B
C	D
E	F

编　　号：A
作品名称：恩情
作　　者：张涛
所在院校：吉首大学

编　　号：B
作品名称：雪景(1)
作　　者：陈月霞
指导教师：陈文彬
所在院校：华南师范大学

编　　号：C
作品名称：成长
作　　者：周博
所在院校：湘南学院

编　　号：D
作品名称：老巷
作　　者：李波
指导教师：卢士刚
所在院校：海南师范大学

编　　号：E
作品名称：瀑布
作　　者：邵一林
指导教师：郝昕
所在院校：浙江工商大学

编　　号：F
作品名称：大山
作　　者：江春良
指导教师：孙大量
所在院校：南京艺术学院

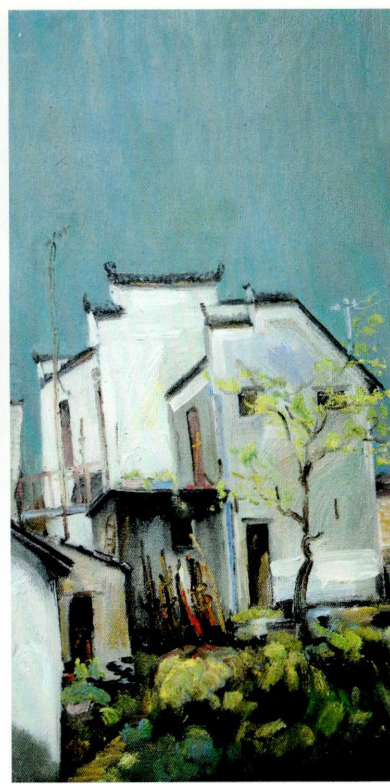

A	B	C
	D	E
F	G	H

编　　号：A、B、C
作品名称：徽州系列(1-3)
作　　者：陈加平
指导教师：王强
所在院校：安徽大学

编　　号：D
作品名称：The sleeping forest · 壹
作　　者：王熙
指导教师：侯宝川
所在院校：四川美术学院

编　　号：E
作品名称：The sleeping forest · 贰
作　　者：王熙
指导教师：侯宝川
所在院校：四川美术学院

编　　号：F、G
作品名称：迁徙(1-2)
作　　者：周胜洪
指导教师：徐光弟
所在院校：西南民族大学

编　　号：H
作品名称：待
作　　者：周梦莎
指导教师：陈娜
所在院校：中山大学

A | B
C | D
E | F

编　　号：A
作品名称：静物
作　　者：刘馥茜
指导教师：谢啸冰
所在院校：贵州大学

编　　号：B
作品名称：岁月·流逝(1)
作　　者：莫小敏
指导教师：付强
所在院校：安徽大学

编　　号：C
作品名称：忆宏村
作　　者：刘洋
指导教师：刘岱兵
所在院校：泰山学院

编　　号：D
作品名称：徽皖霞光
作　　者：孙健
指导教师：周仕超
所在院校：山东艺术学院

编　　号：E
作品名称：晌午的河边
作　　者：钟劲
指导教师：林若夫
所在院校：广东文艺职业学院

编　　号：F
作品名称：荷
作　　者：崔丽红、路琼
指导教师：张伟
所在院校：山东轻工业学院
　　　　　广西艺术学院

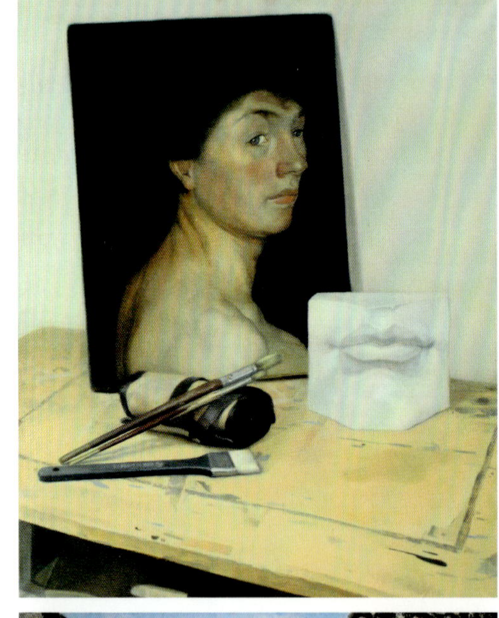

A | B | C
D | E
F | G | H

编　　号：A
作品名称：克旗写生
作　　者：高雪峰
指导教师：王中林
所在院校：赤峰学院

编　　号：B
作品名称：透过雪灰色
作　　者：陈世鸣
指导教师：王文刚
所在院校：黄山学院

编　　号：C
作品名称：宏村
作　　者：鄢余俊
指导教师：王卿
所在院校：西安美术学院

编　　号：D
作品名称：站在高处
作　　者：张丽丽
指导教师：麻爱周
所在院校：西北师范大学

编　　号：E
作品名称：城市风景
作　　者：张丽丽
指导教师：麻爱周
所在院校：西北师范大学

编　　号：F
作品名称：写生
作　　者：刘馥茜
指导教师：谢啸冰
所在院校：贵州大学

编　　号：G
作品名称：印迹
作　　者：吕璜
指导教师：关红实
所在院校：厦门大学

编　　号：H
作品名称：残荷
作　　者：刘凯旋
指导教师：李福岩
所在院校：广西艺术学院

A
B
C
D

编　　号：A
作品名称：海系列(3)
作　　者：王腊辉
指导教师：赵拓
所在院校：西安美术学院

编　　号：B
作品名称：海系列(1)
作　　者：王腊辉
指导教师：赵拓
所在院校：西安美术学院

编　　号：C
作品名称：静物
作　　者：卜英杰
指导教师：广庭渤、唐书民
所在院校：沈阳师范大学

编　　号：D
作品名称：静思
作　　者：倪春雷
指导教师：刘洵
所在院校：四川西华大学

	B	
A		D
	C	

编　　号：A
作品名称：徽州印象
作　　者：陈涛
指导教师：袁庆庆
所在院校：大连民族学院

编　　号：B
作品名称：寻(3)
作　　者：黄锦华
指导教师：陈宏庆、王谦、王犁
所在院校：中国美术学院

编　　号：C
作品名称：寻(1)
作　　者：黄锦华
指导教师：陈宏庆、王谦、王犁
所在院校：中国美术学院

编　　号：D
作品名称：收获
作　　者：陈泓润
指导教师：张立里
所在院校：湖南科技学院

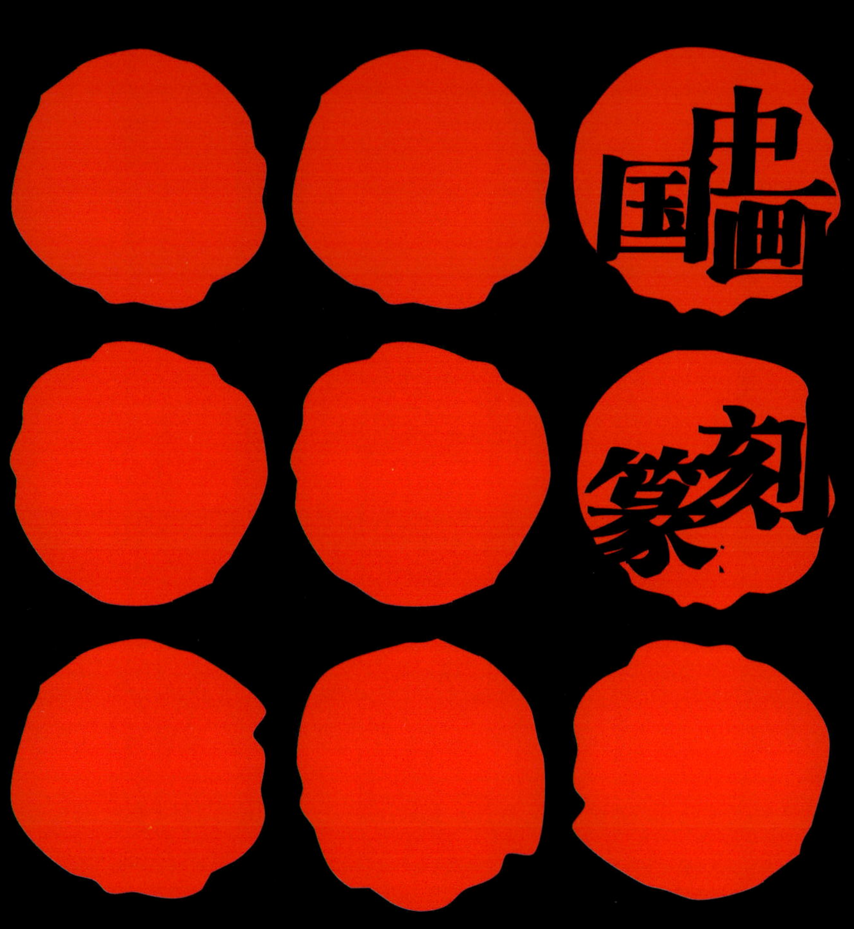
中国画
篆刻

A	C
	D
B	E

编　　号：A
作品名称：父的怀抱
作　　者：祝华婧
指导教师：华其敏、毕建勋
所在院校：中央美术学院

编　　号：B
作品名称：灵魂之舞
作　　者：祝华婧
指导教师：华其敏、毕建勋
所在院校：中央美术学院

编　　号：C
作品名称：大气
作　　者：祝华婧
指导教师：华其敏、毕建勋
所在院校：中央美术学院

编　　号：D
作品名称：漂
作　　者：祝华婧
指导教师：华其敏、毕建勋
所在院校：中央美术学院

编　　号：E
作品名称：太行云起
作　　者：罗庚
指导教师：张建华
所在院校：沈阳师范大学

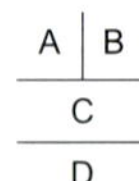

编　　号：A
作品名称：《求》
作　　者：吴颖媛
指导教师：惠剑
所在院校：徐州师范大学

编　　号：B
作品名称：徘徊
作　　者：陈华珠
指导教师：周震山、任继红
所在院校：嘉应学院

编　　号：C
作品名称：苦乐活(1)
作　　者：邓鸿涛
指导教师：许勇、吕子扬
所在院校：沈阳师范大学

编　　号：D
作品名称：多难兴邦“汶川”
作　　者：余远珪
指导教师：单柏钦
所在院校：广东培正学院

A D
B
C E

编　　号：A
作品名称：草原之晨
作　　者：罗庚
指导教师：许勇、吕子扬
所在院校：沈阳师范大学

编　　号：B
作品名称：夕阳
作　　者：王晶晶
指导教师：乔金
所在院校：太原科技大学

编　　号：C
作品名称：行者如歌
作　　者：李坚真
指导教师：吕子扬
所在院校：沈阳师范大学

编　　号：D
作品名称：陕北好多羊
作　　者：王沅桢
指导教师：岳海波、党震
所在院校：山东艺术学院

编　　号：E
作品名称：常乐
作　　者：刘欣
指导教师：李魁正
所在院校：中央民族大学

A | C
D
B | E

编　　号：A
作品名称：知识女性
作　　者：苏海霞
指导教师：吴世宁
所在院校：新疆师范大学

编　　号：B
作品名称：都市女孩
作　　者：苏海霞
指导教师：吴世宁
所在院校：新疆师范大学

编　　号：C
作品名称：旋律
作　　者：梁洪文
指导教师：张春新
所在院校：西南交通大学

编　　号：D
作品名称：那年夏天
作　　者：张力月
指导教师：张导曦
所在院校：湖北美术学院

编　　号：E
作品名称：凝
作　　者：何文明
指导教师：曹先兵
所在院校：湖南科技学院

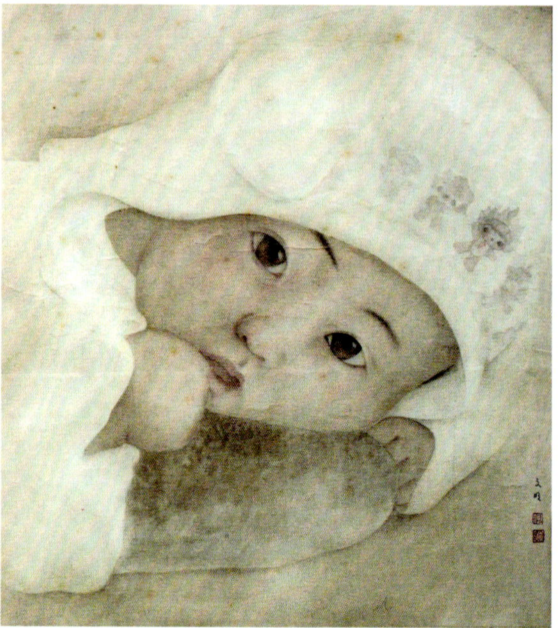

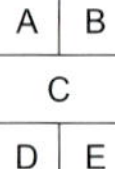

编　　号：A
作品名称：小女孩
作　　者：叶艳
所在院校：宝鸡文理学院

编　　号：B
作品名称：野水风寒轻吹暖
作　　者：李然
指导教师：吕子扬
所在院校：沈阳师范大学

编　　号：C
作品名称：叠山峰海
作　　者：陈立雄
指导教师：冯滔
所在院校：广州工程技术职业学院

编　　号：D
作品名称：韵动思流
作　　者：王成文
指导教师：邬建
所在院校：郑州大学

编　　号：E
作品名称：故乡云梦
作　　者：王成文
指导教师：邬建
所在院校：郑州大学

叠山峰海

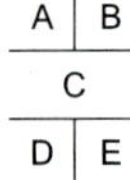

编　　号：A
作品名称：春
作　　者：安思宇
指导教师：黄培杰
所在院校：江南大学

编　　号：B
作品名称：思
作　　者：杨孝卫
指导教师：王宝强
所在院校：宝鸡文理学院

编　　号：C
作品名称：国色天香
作　　者：贺传荣
指导教师：丛柏兹
所在院校：华东师范大学

编　　号：D
作品名称：觅宓
作　　者：陈伟冰
指导教师：安鼎文
所在院校：湛江师范学院

编　　号：E
作品名称：母爱 · 怀抱
作　　者：王璇
指导教师：孙林
所在院校：四川大学

A | D
B |
C | E

编　　号：A
作品名称：烈日憩图
作　　者：李德龙
指导教师：刘畅胜
所在院校：曲阜师范大学

编　　号：B
作品名称：四代人
作　　者：苏有遵
指导教师：毕士明
所在院校：厦门大学

编　　号：C
作品名称：童年的记忆
作　　者：王晶
指导教师：李善杰
所在院校：山东大学

编　　号：D
作品名称：夏幂
作　　者：樊卫强
指导教师：陈志峰
所在院校：淮北煤炭师范学院

编　　号：E
作品名称：神往
作　　者：刘欣
指导教师：钟捷、潘缨
所在院校：中央民族大学

编　　号：A
作品名称：永乐宫壁画
作　　者：王晶晶
指导教师：乔金
所在院校：太原科技大学

编　　号：B
作品名称：西藏老人像
作　　者：李坚真
指导教师：吕子扬
所在院校：沈阳师范大学

编　　号：C
作品名称：福至
作　　者：苏有遵
指导教师：潘丰泉
所在院校：厦门大学

编　　号：D、E、F、G
作品名称：面具(1-4)
作　　者：梁晶
指导教师：王玮
所在院校：西南民族大学

A	B	C
	D	
E	F	G

编　　号：A
作品名称：高岭烟晚
作　　者：赵大龙
指导教师：刘兴本
所在院校：辽宁科技学院

编　　号：B
作品名称：无题
作　　者：赵大龙
指导教师：刘兴本
所在院校：辽宁科技学院

编　　号：C
作品名称：临流松壑
作　　者：韩丽媛
指导教师：刘兴本
所在院校：辽宁科技学院

编　　号：D
作品名称：白云生处
作　　者：李翌
指导教师：张淳
所在院校：上海师范大学

编　　号：E
作品名称：走出废墟
作　　者：李然
指导教师：许勇
所在院校：沈阳师范大学

编　　号：F
作品名称：金瓶无香
作　　者：杨士奎
指导教师：岳海波
所在院校：山东艺术学院

编　　号：G
作品名称：月泊云楼处
作　　者：张力月
指导教师：秦岭
所在院校：湖北美术学院

A	D
B	
C	E

编　　号：A
作品名称：山村秋净
作　　者：叶硕
指导教师：郑克健
所在院校：福建师范大学

编　　号：B
作品名称：虢国夫人游春图
作　　者：侯欣芃
指导教师：李勇
所在院校：山东工艺美术学院

编　　号：C
作品名称：日出印象
作　　者：李坚真
指导教师：吕子扬
所在院校：沈阳师范大学

编　　号：D
作品名称：我的衣服挂在那儿系列之四
作　　者：吴美玲
指导教师：林蔚然
所在院校：广东技术师范学院

编　　号：E
作品名称：我的衣服挂在那儿系列之二
作　　者：吴美玲
指导教师：林蔚然
所在院校：广东技术师范学院

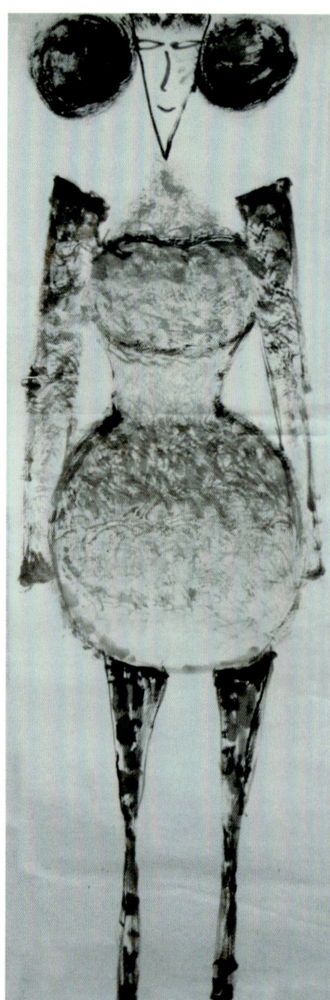

A	C D
B	E

编　　号：A
作品名称：晚归图
作　　者：文愧
指导教师：曹先兵
所在院校：湖南科技学院

编　　号：B
作品名称：山居雨后图
作　　者：文愧
指导教师：曹先兵
所在院校：湖南科技学院

编　　号：C、D
作品名称：太行魂(1-2)
作　　者：吴春
所在院校：广东工业大学

编　　号：E
作品名称：白牡丹
作　　者：田春燕
指导教师：李凯
所在院校：滨州学院

太行魂

山居雨后图

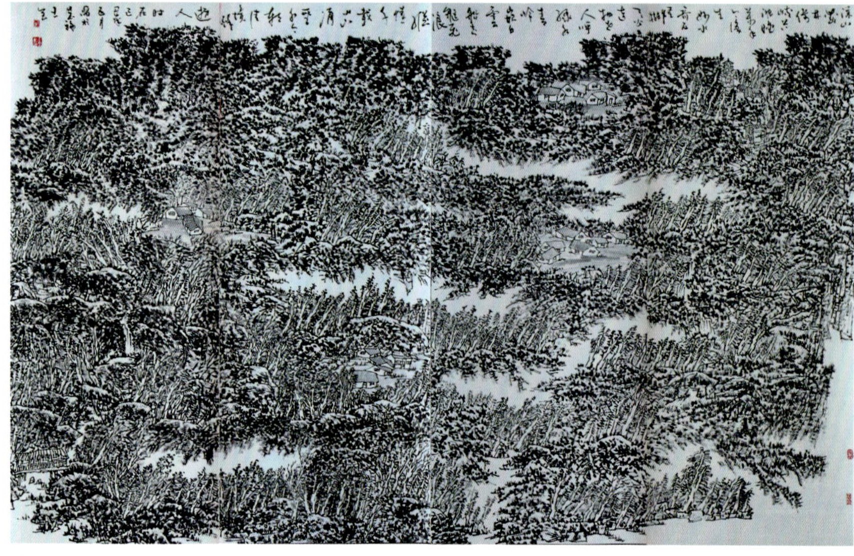

A

B

C

D

编　　号：A
作品名称：馨风图
作　　者：曹健欣
指导教师：蒋秀云
所在院校：哈尔滨工业大学

编　　号：B
作品名称：白云青峰
作　　者：李晴
指导教师：陈义
所在院校：湖北经济学院

编　　号：C
作品名称：巴山情
作　　者：王全
指导教师：商守善
所在院校：湖北民族学院

编　　号：D
作品名称：只缘身在此山中
作　　者：陈志欣
指导教师：赵勋
所在院校：嘉应学院

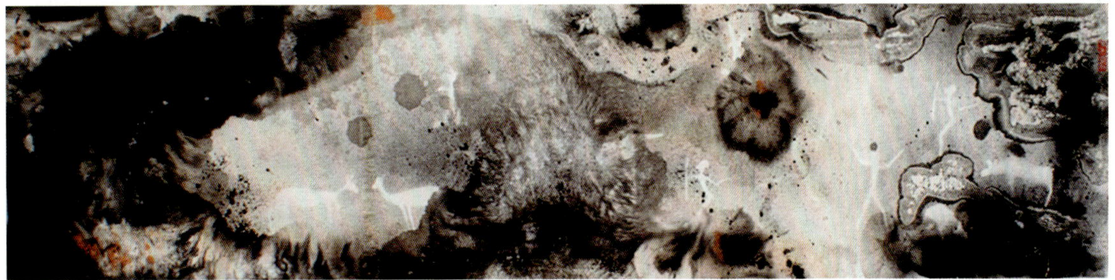

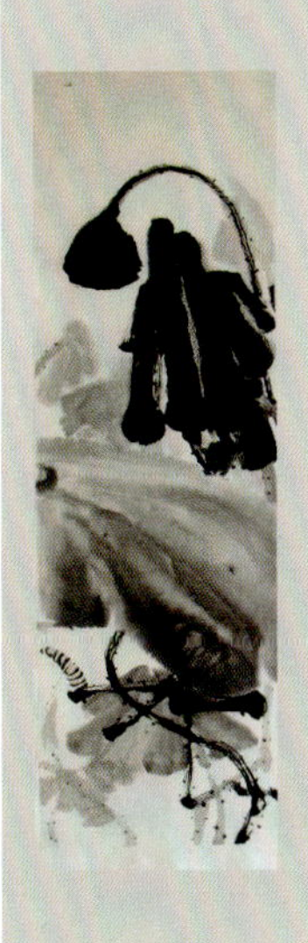

A
B
C
D
E

编　　号：A、B、C、D
作品名称：人与动物(1–4)
作　　者：叶丽花
指导教师：林蔚然
所在院校：广东技术师范学院

编　　号：E
作品名称：韵荷系列
作　　者：韩旭坤
指导教师：林蔚然
所在院校：广东技术师范学院

A | B
C
D | E

编　　号：A
作品名称：庐山高图
作　　者：樊卫强
指导教师：王志国
所在院校：淮北煤炭师范学院

编　　号：B
作品名称：松岸归兴图
作　　者：樊卫强
指导教师：王志国
所在院校：淮北煤炭师范学院

编　　号：C
作品名称：秋趣
作　　者：郑寅军
指导教师：牛连和
所在院校：东北师范大学

编　　号：D
作品名称：青绿韵
作　　者：邓仁丁
指导教师：李心生
所在院校：湘南学院

编　　号：E
作品名称：寒山飞瀑图
作　　者：邓仁丁
指导教师：李心生
所在院校：湘南学院

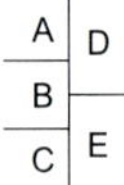

编　　号：A
作品名称：青山依旧
作　　者：黄剑辉
所在院校：广东外语艺术职业学院

编　　号：B
作品名称：艺无止境
作　　者：黄剑辉
所在院校：广东外语艺术职业学院

编　　号：C
作品名称：博
作　　者：甄秀洁
指导教师：李善杰
所在院校：山东大学

编　　号：D
作品名称：烟云供氧
作　　者：章寅
指导教师：谷利民
所在院校：吉首大学

编　　号：E
作品名称：芭蕉图
作　　者：秦蕾
指导教师：谷力民
所在院校：吉首大学

青山依舊

煙雲供養

藝無止境

芭蕉圖

A D
B
C E

编　　号：A
作品名称：游太行山
作　　者：张秋燕
指导教师：张纯桂
所在院校：广东工业大学

编　　号：B
作品名称：花篮里的黄花
作　　者：梁洪文
指导教师：李雅梅
所在院校：西南交通大学

编　　号：C
作品名称：核伙沟秋色
作　　者：肖凤新
指导教师：刘兴本
所在院校：辽宁科技学院

编　　号：D
作品名称：乡间小憩
作　　者：王璇
指导教师：孙林
所在院校：四川大学

编　　号：E
作品名称：锦上添花
作　　者：冼业攀
指导教师：林凯龙
所在院校：汕头大学

A B C
D E
F G H

编　　号：A
作品名称：书声不断如瀑流
作　　者：何加健
指导教师：谢定超
所在院校：西南民族大学

编　　号：B
作品名称：秋色图
作　　者：何加健
指导教师：谢定超
所在院校：西南民族大学

编　　号：C
作品名称：临溪而居
作　　者：何加健
指导教师：谢定超
所在院校：西南民族大学

编　　号：D
作品名称：雏鸭寻食
作　　者：杨春艳
指导教师：鲍凤林
所在院校：赤峰学院

编　　号：E
作品名称：荷叶
作　　者：赵永
指导教师：张小丽
所在院校：滨州学院

编　　号：F
作品名称：锦瑟年华(多雨季节)
作　　者：李交龙
指导教师：韩梅
所在院校：辽宁科技学院

编　　号：G
作品名称：秋韵
作　　者：朱礼欣
指导教师：肖蓝
所在院校：湖北美术学院

编　　号：H
作品名称：暖
作　　者：朱礼欣
指导教师：熊明非
所在院校：湖北美术学院

A	D
B	
C	E

编　　号：A
作品名称：国画山水
作　　者：魏亮亮
所在院校：西北民族大学

编　　号：B
作品名称：鹰
作　　者：杜文强
指导教师：杨业流
所在院校：江门职业技术学院

编　　号：C
作品名称：会友图
作　　者：王全
指导教师：石庆秘
所在院校：湖北民族学院

编　　号：D
作品名称：报春图
作　　者：孙雯
指导教师：冯葳
所在院校：北华大学

编　　号：E
作品名称：孔雀
作　　者：任晓轩
指导教师：刘海燕
所在院校：河北北方学院

A	B	
C	D	G
E	F	

编　　号：A
作品名称：夏怡
作　　者：何文明
指导教师：王任波
所在院校：湖南科技学院

编　　号：B
作品名称：一帘幽梦
作　　者：黄蓉
指导教师：徐邠
所在院校：扬州大学

编　　号：C
作品名称：清晨
作　　者：李德龙
指导教师：茅林
所在院校：曲阜师范大学

编　　号：D
作品名称：工笔少女
作　　者：宋丽君
指导教师：邵力华
所在院校：山东大学

编　　号：E
作品名称：晨曲
作　　者：辛欣
指导教师：蒋苇薏
所在院校：湖南科技学院

编　　号：F
作品名称：西王母
作　　者：马洁瑾
所在院校：西南交通大学

编　　号：G
作品名称：溢香
作　　者：李锦恩
所在院校：广东工业大学

溢香
戊子年季夏广東工业大学
艺术设计学院李锦恩畫

A	B
C	D
E	F

编　　号：A
作品名称：希望
作　　者：李建
指导教师：邓远清
所在院校：西华大学

编　　号：B
作品名称：苏武牧羊
作　　者：陈连水
指导教师：林醒雷
所在院校：广东文艺职业学院

编　　号：C
作品名称：纪念5·12 升起明日的希望
作　　者：王璇
指导教师：孙林
所在院校：四川大学

编　　号：D
作品名称：次仁尼玛
作　　者：刘茜
指导教师：林宜耕
所在院校：福建师范大学

编　　号：E
作品名称：秋菊
作　　者：陈连水
指导教师：林醒雷
所在院校：广东文艺职业学院

编　　号：F
作品名称：静
作　　者：赵明昊
指导教师：王淑静
所在院校：辽宁科技学院

01

02

03

04

05

06

07

08

09

10

11

12

13

14

15

16

17

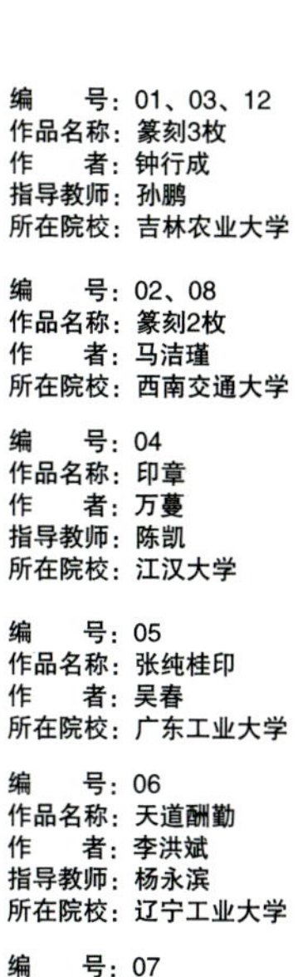

编　　号：01、03、12
作品名称：篆刻3枚
作　　者：钟行成
指导教师：孙鹏
所在院校：吉林农业大学

编　　号：02、08
作品名称：篆刻2枚
作　　者：马洁瑾
所在院校：西南交通大学

编　　号：04
作品名称：印章
作　　者：万蔓
指导教师：陈凯
所在院校：江汉大学

编　　号：05
作品名称：张纯桂印
作　　者：吴春
所在院校：广东工业大学

编　　号：06
作品名称：天道酬勤
作　　者：李洪斌
指导教师：杨永滨
所在院校：辽宁工业大学

编　　号：07
作品名称：春归何处
作　　者：李洪斌
指导教师：杨永滨
所在院校：辽宁工业大学

编　　号：09
作品名称：纯桂
作　　者：吴春
所在院校：广东工业大学

编　　号：10
作品名称：万印
作　　者：万蔓
指导教师：陈凯
所在院校：江汉大学

编　　号：11
作品名称：篆刻
作　　者：黄金娇
所在院校：桂林电子科技大学

编　　号：13
作品名称：长寿
作　　者：李洪斌
指导教师：杨永滨
所在院校：辽宁工业大学

编　　号：14
作品名称：宁静致远
作　　者：肖琦
指导教师：杨星
所在院校：广东工业大学

编　　号：15
作品名称：元曲
作　　者：张程
所在院校：古赤峰学院

编　　号：16
作品名称：落花时节文章
作　　者：张程
所在院校：古赤峰学院

编　　号：17
作品名称：吾家山水之意
作　　者：张程
所在院校：古赤峰学院

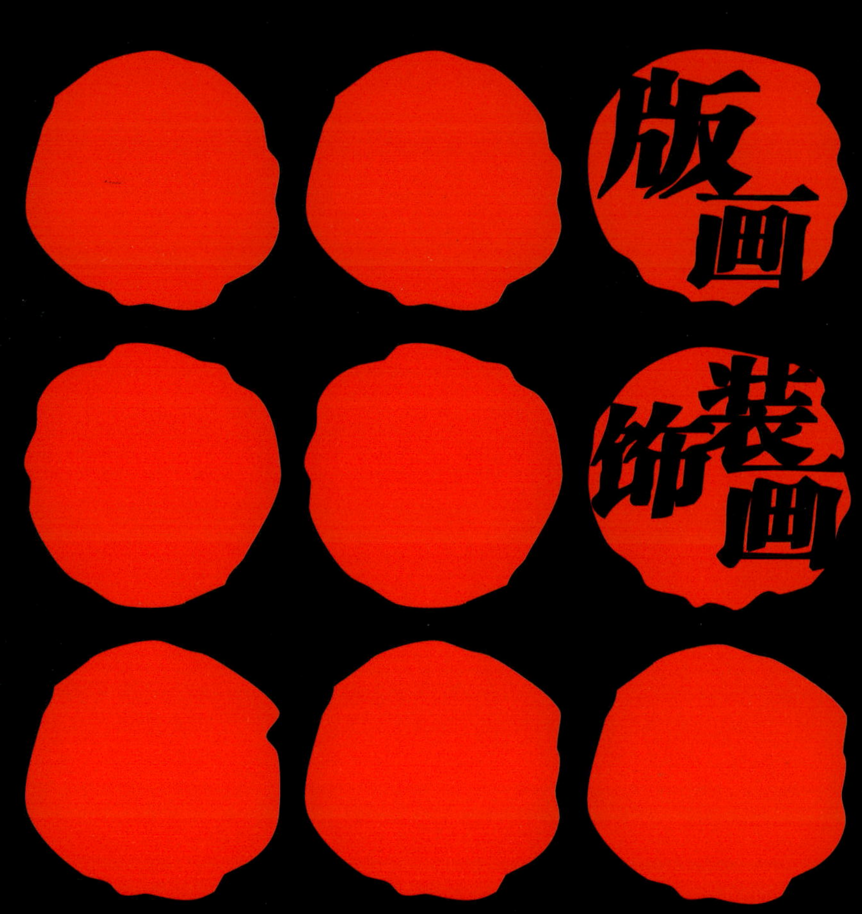
版画
装饰画

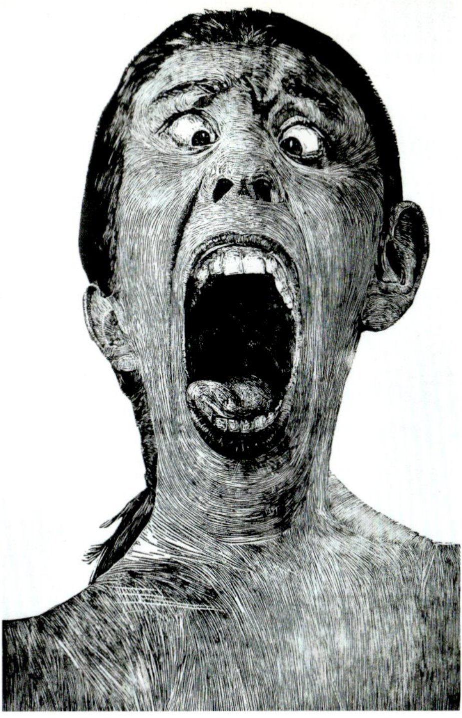

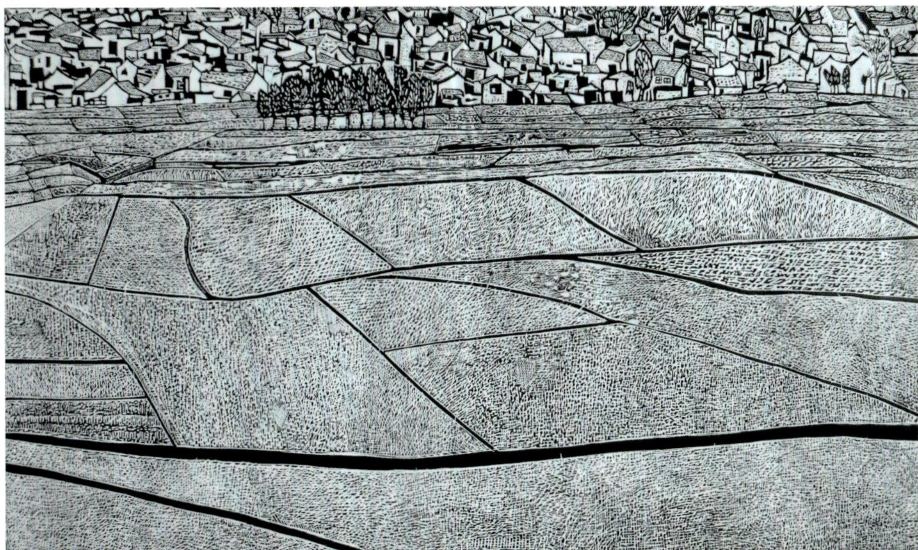

A	B
C	
D	E

编　　号：A、B
作品名称：呐喊系列(1-2)
作　　者：唐飞
指导教师：宋伟
所在院校：鲁迅美术学院

编　　号：C
作品名称：家门前
作　　者：方志坚
指导教师：王宇
所在院校：红河学院

编　　号：D
作品名称：忧郁
作　　者：刘益涛
指导教师：胡志雄
所在院校：长江大学

编　　号：E
作品名称：团聚
作　　者：苏圣雄
指导教师：瓦尔特
所在院校：四川师范大学

A	B
C	D
E	F

编　　号：A
作品名称：童年的那些趣事儿
作　　者：于倩
指导教师：徐宝中
所在院校：鲁迅美术学院

编　　号：B
作品名称：戏魂
作　　者：丁铂凌
所在院校：华中师范大学

编　　号：C
作品名称：童年·遥远的记忆
作　　者：于倩
指导教师：徐宝中
所在院校：鲁迅美术学院

编　　号：D
作品名称：城市空间
作　　者：李广胜
指导教师：陈志强
所在院校：湛江师范学院

编　　号：E
作品名称：远处吹来秋天的风
作　　者：于倩
指导教师：徐宝中
所在院校：鲁迅美术学院

编　　号：F
作品名称：祭
作　　者：延昆锋
指导教师：李琪
所在院校：湖北美术学院

A	B
C	D
E	F
G	H

编　　号：A
作品名称：春野
作　　者：钟品
指导教师：李仲
所在院校：四川美术学院

编　　号：B
作品名称：老屋
作　　者：梁志星
指导教师：张咏清
所在院校：重庆文理学院

编　　号：C
作品名称：老城墙
作　　者：姚富娟
指导教师：张咏清
所在院校：重庆文理学院

编　　号：D
作品名称：福福相依
作　　者：钟志华
指导教师：雷春明
所在院校：湖南科技学院

编　　号：E
作品名称：喜悦
作　　者：姚富娟
指导教师：张咏清
所在院校：重庆文理学院

编　　号：F
作品名称：辗
作　　者：赵月
指导教师：赵国华
所在院校：东北农业大学

编　　号：G
作品名称：追儿·汶川
作　　者：邵宾
指导教师：赵力
所在院校：西安美术学院

编　　号：H
作品名称：回家路上
作　　者：邓海平
指导教师：邹晓萍
所在院校：青岛大学

福
福

A	B
C	D
E	F

编　　号：A
作品名称：男人
作　　者：桂江
指导教师：曹丹
所在院校：湖北美术学院

编　　号：B
作品名称：公元前三世纪
作　　者：张路路
指导教师：曹芳
所在院校：孝感学院

编　　号：C
作品名称：诱惑
作　　者：丁言伟
指导教师：张春霞
所在院校：西安美术学院

编　　号：D
作品名称：时光系列NO3(雕塑课)
作　　者：曹美英
指导教师：甘庭俭
所在院校：西南民族大学

编　　号：E
作品名称：牵牛花
作　　者：胡琦
指导教师：易阳
所在院校：华中师范大学

编　　号：F
作品名称：等待
作　　者：叶艳
所在院校：宝鸡文理学院

A	E
B	F
C	G
D	

编　　号：A
作品名称：新小学
作　　者：曹美英
指导教师：甘庭俭
所在院校：西南民族大学

编　　号：B
作品名称：时光系列NO1(阳光)
作　　者：曹美英
指导教师：甘庭俭
所在院校：西南民族大学

编　　号：C
作品名称：追忆・母亲河
作　　者：邵宾
指导教师：赵力
所在院校：西安美术学院

编　　号：D
作品名称：生命意象
作　　者：钟品
指导教师：李仲
所在院校：四川美术学院

编　　号：E
作品名称：同学
作　　者：孔祥虎
指导教师：马晓磊
所在院校：西北民族大学

编　　号：F
作品名称：隙
作　　者：延昆锋
指导教师：张广慧
所在院校：湖北美术学院

编　　号：G
作品名称：感情迁移
作　　者：曹威
指导教师：王文明
所在院校：广州美术学院

A	B
C	D
E	F

编　　号：A
作品名称：残荷
作　　者：肖山埜
指导教师：张咏清
所在院校：重庆文理学院

编　　号：B
作品名称：那些日子
作　　者：郁雯
指导教师：周国斌
所在院校：上海大学

编　　号：C
作品名称：窑
作　　者：郭文婧
指导教师：博彦图
所在院校：内蒙古师范大学

编　　号：D
作品名称：二十一的一天
作　　者：刘益涛
指导教师：胡志雄
所在院校：长江大学

编　　号：E
作品名称：烟台的海
作　　者：李守秋、张凤
指导教师：赵勇
所在院校：山东艺术学院

编　　号：F
作品名称：企望
作　　者：麦俊辉
所在院校：广州美术学院

A	B
C	D
E	F
G	H

编　　号：A
作品名称：面具人生
作　　者：丁言伟
指导教师：张春霞
所在院校：西安美术学院

编　　号：B
作品名称：寻望未来
作　　者：林康
所在院校：长江大学

编　　号：C
作品名称：村头
作　　者：高男
指导教师：傅俊山
所在院校：广西艺术学院

编　　号：D
作品名称：漫谈
作　　者：曹威
指导教师：王文明
所在院校：广州美术学院

编　　号：E
作品名称：高原风韵
作　　者：姚富娟
指导教师：张咏清
所在院校：重庆文理学院

编　　号：F
作品名称：桥
作　　者：郭文婧
指导教师：博彦图
所在院校：内蒙古师范大学

编　　号：G
作品名称：悄悄额成长
作　　者：郁雯
指导教师：周国斌
所在院校：上海大学

编　　号：H
作品名称：童年的回忆
作　　者：高男
指导教师：傅俊山
所在院校：广西艺术学院

A	D
	E
B	F
C	G

编　　号：A
作品名称：家
作　　者：郭文婧
指导教师：李聪玲
所在院校：内蒙古师范大学

编　　号：B
作品名称：门
作　　者：陈慧霞
指导教师：吕青
所在院校：华南师范大学

编　　号：C
作品名称：梦里水乡
作　　者：胡方舟
指导教师：岳进
所在院校：长江大学

编　　号：D
作品名称：大拜年
作　　者：曹筝琪娜
指导教师：张娅琴
所在院校：云南大学

编　　号：E
作品名称：浮游
作　　者：赵月
指导教师：赵国华
所在院校：东北农业大学

编　　号：F
作品名称：心的向往之一
作　　者：邓海平
指导教师：厉小东
所在院校：青岛大学

编　　号：G
作品名称：心的向往之二
作　　者：邓海平
指导教师：厉小东
所在院校：青岛大学

A	B
C	D
E	F
G	H

编　　号：A
作品名称：林荫小屋
作　　者：梁志星
指导教师：张咏清
所在院校：重庆文理学院

编　　号：B
作品名称：晨露
作　　者：梁志星
指导教师：张咏清
所在院校：重庆文理学院

编　　号：C
作品名称：林
作　　者：肖山茔
指导教师：张咏清
所在院校：重庆文理学院

编　　号：D
作品名称：男人·女人
作　　者：桂江
指导教师：曹丹
所在院校：湖北美术学院

编　　号：E
作品名称：天空
作　　者：颜培建
指导教师：张敏杰
所在院校：中国美术学院

编　　号：F
作品名称：团结就是力量
作　　者：倪春雷
指导教师：罗莱
所在院校：西华大学

编　　号：G
作品名称：无题
作　　者：颜培建
指导教师：张敏杰
所在院校：中国美术学院

编　　号：H
作品名称：活在当代的今天
作　　者：陈慧霞
指导教师：吕青
所在院校：华南师范大学

A	B
C	D
E	F

编　　号：A
作品名称：那个女人的一生(母子)
作　　者：王灵薇
指导教师：张广慧
所在院校：湖北美术学院

编　　号：B
作品名称：那个女人的一生(孤独)
作　　者：王灵薇
指导教师：张广慧
所在院校：湖北美术学院

编　　号：C、D
作品名称：交织(1-2)
作　　者：严岚
指导教师：罗威
所在院校：上海理工大学

编　　号：E
作品名称：自闭
作　　者：曹威
指导教师：王文明
所在院校：广州美术学院

编　　号：F
作品名称：灵魂在坠落中出窍
作　　者：黄伟鸿
指导教师：王文明
所在院校：广州美术学院

A	B
C	D
E	F
G	H

编　　号：A
作品名称：野
作　　者：方志坚
指导教师：王宇
所在院校：红河学院

编　　号：B
作品名称：玻璃瓶
作　　者：胡方舟
指导教师：胡志雄
所在院校：长江大学

编　　号：C
作品名称：悠闲
作　　者：王敏
指导教师：吕青
所在院校：华南师范大学

编　　号：D
作品名称：国(兵帅车)
作　　者：马士良
指导教师：周路
所在院校：安徽财经大学

编　　号：E
作品名称：江南一梦
作　　者：刘雅倩
指导教师：陈曦
所在院校：华中师范大学

编　　号：F
作品名称：两重天
作　　者：张路路
指导教师：朱健翔
所在院校：孝感学院

编　　号：G
作品名称：盐都印象
作　　者：董恒旭
指导教师：朱时昔
所在院校：四川理工学院

编　　号：H
作品名称：印象
作　　者：马菠
指导教师：李艳萍
所在院校：河北北方学院

兵
帅

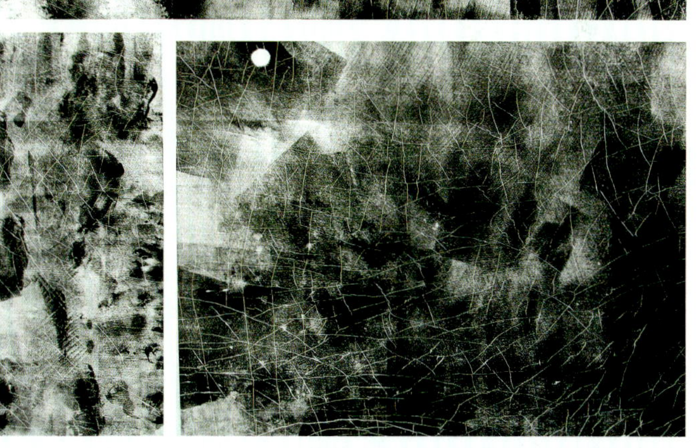

A	B
C	D
E	F
G	H

编　　号：A
作品名称：热带精灵系列(金刚鹦鹉-1)
作　　者：孟玥
指导教师：刘传研
所在院校：北京科技经营管理学院

编　　号：B
作品名称：热带精灵系列(树蛙-2)
作　　者：孟玥
指导教师：刘传研
所在院校：北京科技经营管理学院

编　　号：C
作品名称：奔放
作　　者：张明娟
指导教师：袁小伟
所在院校：山东艺术学院

编　　号：D
作品名称：牛
作　　者：刘婷婷
指导教师：李荣
所在院校：山西大学

编　　号：E
作品名称：国粹
作　　者：刘璐
指导教师：袁小伟
所在院校：山东艺术学院

编　　号：F
作品名称：风筝
作　　者：彭艳媚
指导教师：饶娟娟
所在院校：江门职业技术学院

编　　号：G
作品名称：彩色城市风景
作　　者：王思远
指导教师：王郁新
所在院校：东北林业大学

编　　号：H
作品名称：花瓶
作　　者：郑寅军
指导教师：王玉峰
所在院校：东北师范大学

A D F
B E G
C H

编　　号：A
作品名称：思
作　　者：胡琦
指导教师：易阳
所在院校：华中师范大学

编　　号：B
作品名称：秋
作　　者：秦蕾
指导教师：谷力民
所在院校：吉首大学

编　　号：C
作品名称：风景拼图
作　　者：林康
所在院校：长江大学

编　　号：D
作品名称：矜
作　　者：魏海南
指导教师：雷春明
所在院校：湖南科技学院

编　　号：E
作品名称：馨香
作　　者：魏海南
指导教师：雷春明
所在院校：湖南科技学院

编　　号：F
作品名称：窗帘、草坪与我
作　　者：齐霁
指导教师：张敏杰
所在院校：中国美术学院

编　　号：G
作品名称：故事
作　　者：向有为
指导教师：郑适
所在院校：湖南科技学院

编　　号：H
作品名称：印象丽江
作　　者：安琪
指导教师：罗东明
所在院校：广东技术师范学院

A	B
C	D
E	F
G	H

编　　号：A
作品名称：思
作　　者：莫俏云
所在院校：广东嘉应学院

编　　号：B
作品名称：和谐
作　　者：郭勇
指导教师：何克峰
所在院校：湖北工业大学

编　　号：C
作品名称：母子情
作　　者：陈欢
指导教师：董霞
所在院校：兴华职业学院

编　　号：D
作品名称：月夜
作　　者：边赛兰
指导教师：梁艳
所在院校：兰州交通大学

编　　号：E
作品名称：思
作　　者：韩瑞萍
指导教师：董霞
所在院校：兴华职业学院

编　　号：F
作品名称：春
作　　者：王昭瑜
指导教师：曾舒凡
所在院校：厦门大学

编　　号：G
作品名称：篱笆少女
作　　者：刘军伟
指导教师：董霞
所在院校：兴华职业学院

编　　号：H
作品名称：鱼
作　　者：吕文莲
指导教师：董霞
所在院校：兴华职业学院

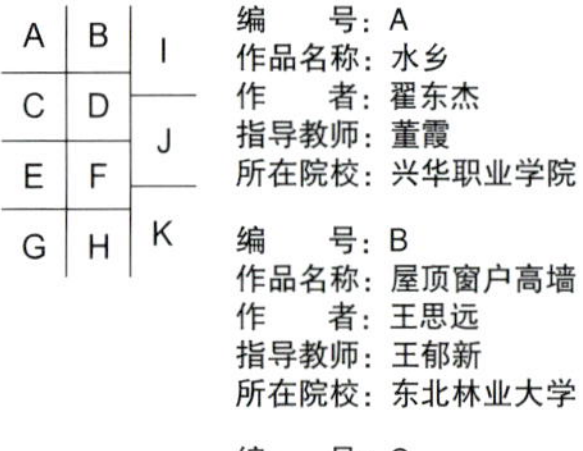

编　　号：A
作品名称：水乡
作　　者：翟东杰
指导教师：董霞
所在院校：兴华职业学院

编　　号：B
作品名称：屋顶窗户高墙
作　　者：王思远
指导教师：王郁新
所在院校：东北林业大学

编　　号：C
作品名称：漆画花卉
作　　者：王磊
指导教师：任建民
所在院校：天津美术学院

编　　号：D
作品名称：“古·今”融合
作　　者：刘芳
指导教师：曲敏
所在院校：九江学院

编　　号：E
作品名称：头像
作　　者：谢艳芳
指导教师：饶娟娟
所在院校：江门职业技术学院

编　　号：F
作品名称：心花
作　　者：陈仁智
所在院校：渭南师范学院

编　　号：G
作品名称：痕迹
作　　者：孙凤尚
指导教师：姚静萍、马晓磊
所在院校：西北民族大学

编　　号：H
作品名称：静物
作　　者：孔祥虎
指导教师：马晓磊
所在院校：西北民族大学

编　　号：I、J、K
作品名称：我的团(1-3)
作　　者：汪汝义
指导教师：岳进
所在院校：长江大学

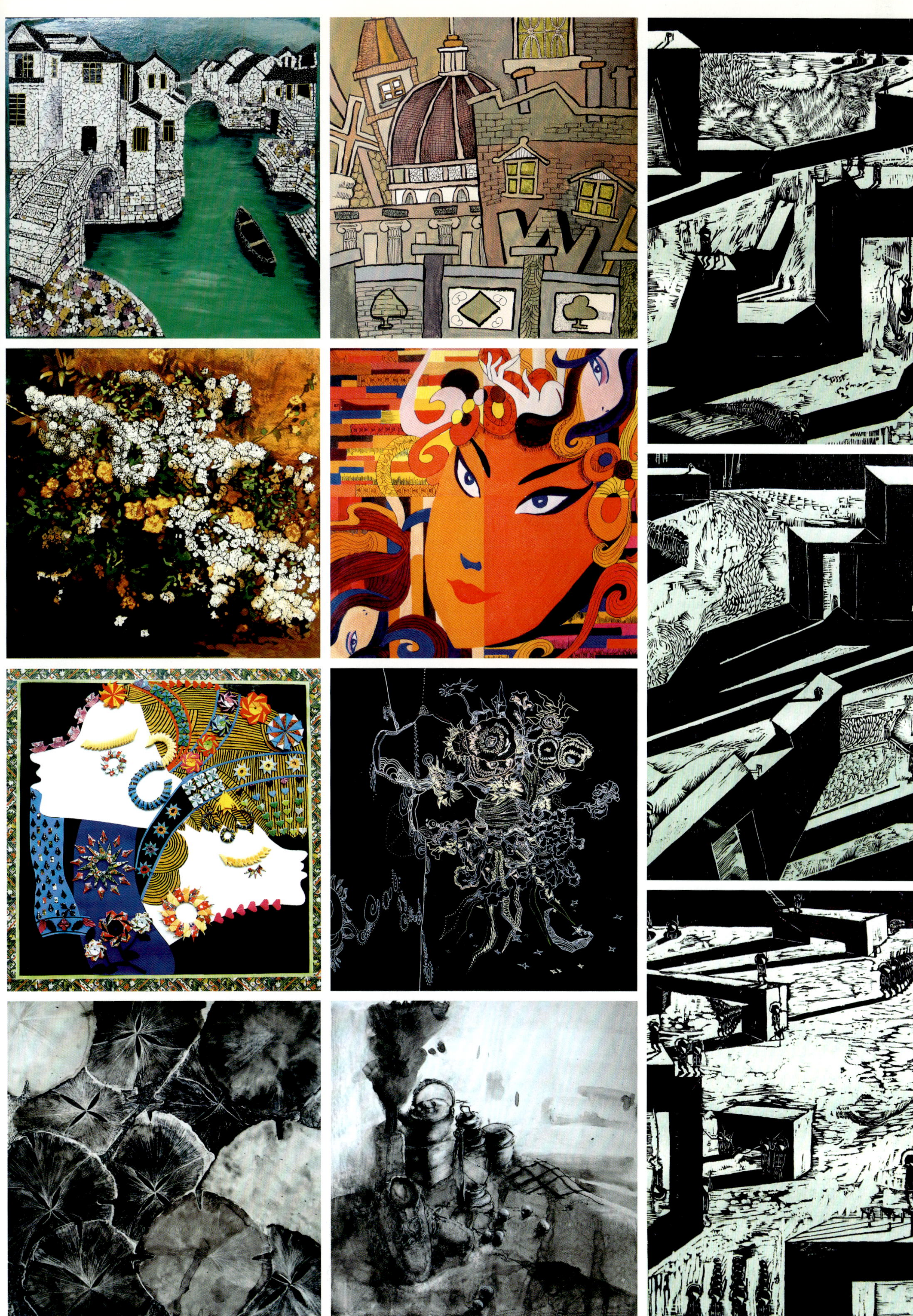

A	B
C	D
E	F

编　　号：A
作品名称：紫色诱惑
作　　者：邓帧
指导教师：何彤
所在院校：四川美术学院

编　　号：B
作品名称：静物的世界(可乐)
作　　者：戴丽云
所在院校：广东轻工职业技术学院

编　　号：C
作品名称：双龙戏珠
作　　者：余英祺
指导教师：李志宏
所在院校：韶关学院

编　　号：D
作品名称：一抹色彩
作　　者：张岩
指导教师：周仕超
所在院校：山东艺术学院

编　　号：E
作品名称：马蹄莲
作　　者：张教广
指导教师：佟海丰
所在院校：长江大学

编　　号：F
作品名称：不能说的秘密
作　　者：施维
所在院校：武汉理工大学

A	B
C	D
E	F
G	H

编　　号：A
作品名称：夜幕下的岛城
作　　者：张岩
指导教师：周仕超
所在院校：山东艺术学院

编　　号：B
作品名称：乡情
作　　者：汤子凤
指导教师：陈恩深
所在院校：四川美术学院

编　　号：C
作品名称：舞出人生
作　　者：龙会瑶
指导教师：游飞
所在院校：贵州师范大学

编　　号：D
作品名称：晚归
作　　者：马全福
所在院校：西北民族大学

编　　号：E
作品名称：创作最后
作　　者：黄丹芸
指导教师：余潮松
所在院校：广东技术师范学院

编　　号：F
作品名称：童年
作　　者：刘璐
指导教师：袁小伟
所在院校：山东艺术学院

编　　号：G
作品名称：旋
作　　者：汤子凤
指导教师：陈恩深
所在院校：四川美术学院

编　　号：H
作品名称：自然
作　　者：黄丹芸
指导教师：余潮松
所在院校：广东技术师范学院

A	B
C	D
E	F
G	H

编　　号：A
作品名称：反弹琵琶
作　　者：张丽媛
指导教师：陈宇
所在院校：山东工艺美术学院

编　　号：B
作品名称：死神与吻
作　　者：王旭浩
指导教师：焦拥军
所在院校：许昌学院

编　　号：C
作品名称：一方净土
作　　者：陈华胜
指导教师：吴健强
所在院校：江门职业技术学院

编　　号：D
作品名称：门
作　　者：陈秋雁
指导教师：吴健强
所在院校：江门职业技术学院

编　　号：E
作品名称：风尘的历史
作　　者：杜文强
指导教师：吴建强
所在院校：江门职业技术学院

编　　号：F
作品名称：小憩
作　　者：肖颖
指导教师：林国强
所在院校：广州美术学院

编　　号：G
作品名称：双息
作　　者：乙三水
指导教师：翟晓冰
所在院校：齐齐哈尔大学

编　　号：H
作品名称：夜幕下的树
作　　者：梁英珠
指导教师：吴建强
所在院校：江门职业技术学院

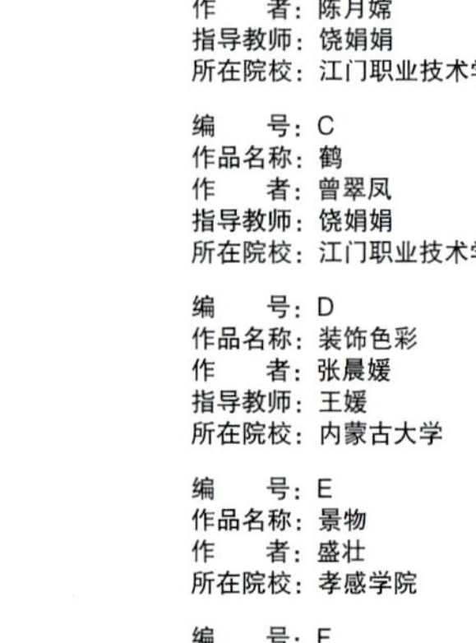

A	B	C
D	E	F
G	H	I

编　　号：A
作品名称：麒麟送子
作　　者：张丽媛
指导教师：杨睿
所在院校：山东工艺美术学院

编　　号：B
作品名称："鱼"意吉祥
作　　者：陈月婷
指导教师：饶娟娟
所在院校：江门职业技术学院

编　　号：C
作品名称：鹤
作　　者：曾翠凤
指导教师：饶娟娟
所在院校：江门职业技术学院

编　　号：D
作品名称：装饰色彩
作　　者：张晨媛
指导教师：王媛
所在院校：内蒙古大学

编　　号：E
作品名称：景物
作　　者：盛壮
所在院校：孝感学院

编　　号：F
作品名称：聆听
作　　者：赵豫静
指导教师：梁明
所在院校：郑州轻工业学院

编　　号：G
作品名称：福娃
作　　者：王奕
指导教师：饶娟娟
所在院校：江门职业技术学院

编　　号：H
作品名称：笛歌
作　　者：魏萌萌
指导教师：程晓民
所在院校：滨州学院

编　　号：I
作品名称：五邑风情
作　　者：冯雪飞
指导教师：吴健强
所在院校：江门职业技术学院

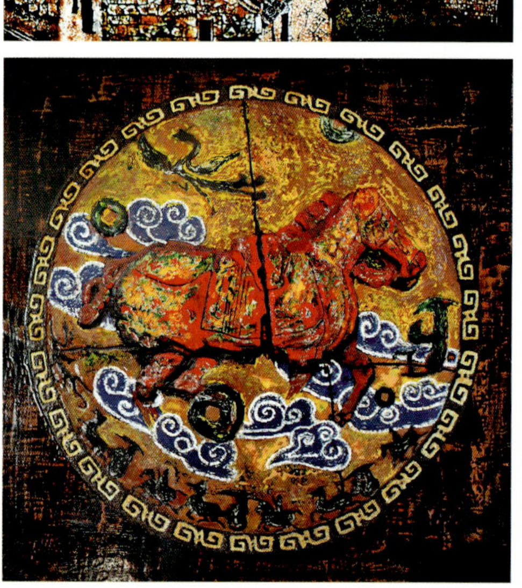

A	B
C	D
E	F

编　　号：A
作品名称：夜幕下的藤缠树
作　　者：何荣星
指导教师：王玉珏
所在院校：广西民族大学

编　　号：B
作品名称：是非
作　　者：吴冰
所在院校：广东新闻出版技师学院

编　　号：C
作品名称：三只眼
作　　者：刘莎
指导教师：陈放
所在院校：海南大学

编　　号：D
作品名称：远游
作　　者：刘莎
指导教师：兰华丽
所在院校：海南大学

编　　号：E
作品名称：淑女
作　　者：吴冰
所在院校：广东新闻出版技师学院

编　　号：F
作品名称：丛林
作　　者：于海生
所在院校：山东艺术学院

A	B
C	D
E	F
G	H

编　　号：A
作品名称：花样美丽
作　　者：贾方
指导教师：张燕根
所在院校：广西艺术学院

编　　号：B
作品名称：背水的藏族女孩
作　　者：王慧杰
指导教师：徐海翔
所在院校：西北民族大学

编　　号：C
作品名称：山谷
作　　者：刘学富
所在院校：大连工业大学

编　　号：D
作品名称：房屋一角
作　　者：高立军
指导教师：别淑花
所在院校：滨州学院

编　　号：E
作品名称：雪菜
作　　者：梁凤燕
指导教师：吴强
所在院校：江门职业技术学院

编　　号：F
作品名称：当敦煌遇上非主流
作　　者：杨钧龙
所在院校：成都大学

编　　号：G
作品名称：兔
作　　者：麦惠霞
指导教师：饶娟娟
所在院校：江门职业技术学院

编　　号：H
作品名称：静物的世界(骷髅)
作　　者：戴丽云
所在院校：广东轻工职业技术学院

A	B
C	D
E	F
G	H

编　　号：A
作品名称：藻井
作　　者：冯昕晖
指导教师：周标
所在院校：兰州大学

编　　号：B
作品名称：向日葵
作　　者：葛文静
指导教师：刘虹
所在院校：大连外国语学院

编　　号：C
作品名称：丑娃娃
作　　者：滕菲
指导教师：张欣
所在院校：大连工业大学

编　　号：D
作品名称：游离
作　　者：葛文静
指导教师：刘虹
所在院校：大连外国语学院

编　　号：E
作品名称：麋鹿
作　　者：曾贞
指导教师：马莉
所在院校：武汉信息传播职业技术学院

编　　号：F
作品名称：塞尚作品“点线面”的重组
作　　者：张瑜娇
指导教师：陈志强
所在院校：华南师范大学

编　　号：G
作品名称：冬梅
作　　者：赵庆国
所在院校：安徽农业大学

编　　号：H
作品名称：生长
作　　者：施维
所在院校：武汉理工大学

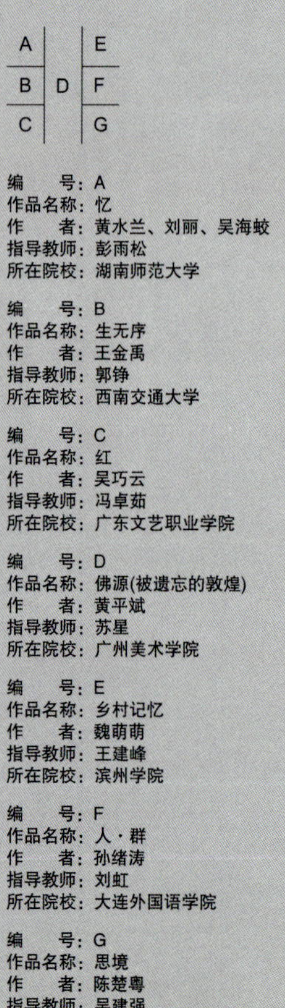

A		E
B	D	F
C		G

编　　号：A
作品名称：忆
作　　者：黄水兰、刘丽、吴海蛟
指导教师：彭雨松
所在院校：湖南师范大学

编　　号：B
作品名称：生无序
作　　者：王金禹
指导教师：郭铮
所在院校：西南交通大学

编　　号：C
作品名称：红
作　　者：吴巧云
指导教师：冯卓茹
所在院校：广东文艺职业学院

编　　号：D
作品名称：佛源(被遗忘的敦煌)
作　　者：黄平斌
指导教师：苏星
所在院校：广州美术学院

编　　号：E
作品名称：乡村记忆
作　　者：魏萌萌
指导教师：王建峰
所在院校：滨州学院

编　　号：F
作品名称：人·群
作　　者：孙绪涛
指导教师：刘虹
所在院校：大连外国语学院

编　　号：G
作品名称：思境
作　　者：陈楚粤
指导教师：吴建强
所在院校：江门职业技术学院

A	B
C	D
E	F

编　　号：A、B、C、D
作品名称：唐卡艺术(1-4)
作　　者：葛根汉
所在院校：赤峰学院

编　　号：E
作品名称：面
作　　者：何荣星
指导教师：王玉珏
所在院校：广西民族大学

编　　号：F
作品名称：分解与重构
作　　者：高立军
指导教师：别淑花
所在院校：滨州学院

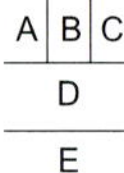

编　　号：A
作品名称：絮
作　　者：黄帮维
指导教师：贺林
所在院校：桂林理工大学

编　　号：B
作品名称：花语
作　　者：李婷
所在院校：西北民族大学

编　　号：C
作品名称：暖冬
作　　者：陈楚粤
指导教师：吴建强
所在院校：江门职业技术学院

编　　号：D
作品名称：人群
作　　者：孙凤尚
指导教师：姚静萍、马晓磊
所在院校：西北民族大学

编　　号：E
作品名称：《老北京过年》四条屏
作　　者：韩青
指导教师：韩翔
所在院校：北京理工大学

賣華燈
春
年
福
連年有餘
贺
祥

賣對聯
國泰千家富
紫氣東来
家和萬事興
國泰千秋樂
瑞雪兆丰年
佳聯歌盛世
九洲永泰
喜鵲唱枝頭
春華香庭院
盛世春來早
幸福隨春到

賣年畫
門迎百福
仁宅迎吉祥

賣窗華

雕塑

A | C
B |

编　　号：A
作品名称：精神
作　　者：丁亚明
指导教师：曾维林
所在院校：石家庄东方美术职业学院

编　　号：B
作品名称：出巡
作　　者：丁亚明
指导教师：杨占成
所在院校：石家庄东方美术职业学院

编　　号：C
作品名称：梦
作　　者：黄平斌
指导教师：魏华
所在院校：广州美术学院

A	B
C	D
E	F

编　　号：A
作品名称：现代三彩
作　　者：钟晓振
指导教师：桂明
所在院校：广东技术师范学院

编　　号：B
作品名称：新三彩・互换
作　　者：钟晓振
指导教师：桂明
所在院校：广东技术师范学院

编　　号：C
作品名称：1号
作　　者：丁亚明
指导教师：刘印川
所在院校：石家庄东方美术职业学院

编　　号：D
作品名称：休闲
作　　者：饶钊
指导教师：孟夏
所在院校：大连工业大学

编　　号：E
作品名称：云端
作　　者：肖颖
指导教师：谭红宇
所在院校：广州美术学院

编　　号：F
作品名称：母体
作　　者：初磊
指导教师：郑静、樊进
所在院校：南京艺术学院

A	B
C	D
E	F
G	H

编　　号：A
作品名称：流年
作　　者：潘旭升
指导教师：王明妍
所在院校：大连工业大学

编　　号：B
作品名称：衍生
作　　者：李妮
指导教师：张燕根
所在院校：广西艺术学院

编　　号：C
作品名称：永不放弃
作　　者：谢升航
指导教师：张燕根
所在院校：广西艺术学院

编　　号：D
作品名称：文明之殇
作　　者：陈志奎
指导教师：张燕根
所在院校：广西艺术学院

编　　号：E
作品名称：地球上的生命
作　　者：尹敏
所在院校：中国美术学院

编　　号：F
作品名称：花痕
作　　者：徐江宁
指导教师：杨美华
所在院校：南京艺术学院

编　　号：G
作品名称：情侣
作　　者：白顺
指导教师：于清蝉
所在院校：赤峰学院

编　　号：H
作品名称：金工昆虫
作　　者：陈伟强
指导教师：林蓝、王东育
所在院校：广州美术学院

A	B
C	D
E	F

编　　号：A
作品名称：尘
作　　者：张丽娟
指导教师：曹春生
所在院校：景德镇陶瓷学院

编　　号：B
作品名称：菩萨
作　　者：刘红霞
指导教师：刘国松
所在院校：赤峰学院

编　　号：C
作品名称：人生
作　　者：张茜
指导教师：薛慧志
所在院校：山东艺术学院

编　　号：D
作品名称：三思而后行
作　　者：张茜
指导教师：薛慧志
所在院校：山东艺术学院

编　　号：E
作品名称：初夜
作　　者：吴海震
指导教师：吴加后
所在院校：福州大学

编　　号：F
作品名称：胖女人
作　　者：苏艳艳
指导教师：张优群
所在院校：湖南科技大学

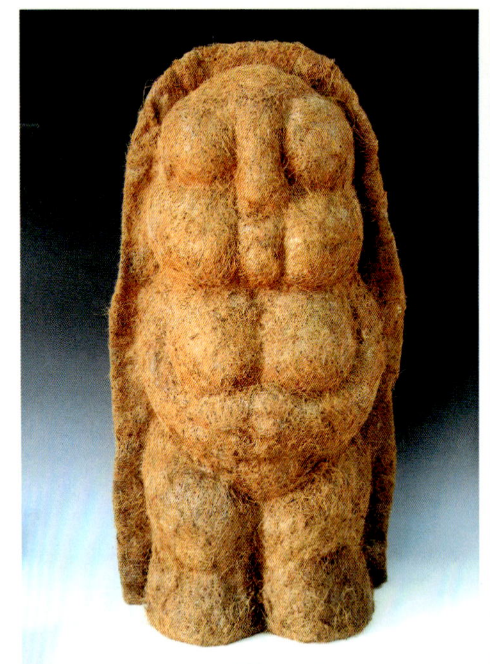

A	B
C	D
E	F
G	H

编　　号：A
作品名称：遥远的牧歌
作　　者：魏志壮
指导教师：王艺宁
所在院校：河北大学

编　　号：B
作品名称：巢
作　　者：王毅杰
指导教师：庹瑜
所在院校：四川美术学院

编　　号：C
作品名称：心灵之约
作　　者：尚凡瑞
指导教师：肖广兴
所在院校：哈尔滨学院

编　　号：D
作品名称：人生喜事
作　　者：李献芳
指导教师：吴雅林
所在院校：广州美术学院

编　　号：E
作品名称：饱
作　　者：黄一帆
指导教师：尹秋生
所在院校：广州美术学院

编　　号：F
作品名称：杨虎城雕像
作　　者：苏艳艳
指导教师：郑先觉
所在院校：湖南科技大学

编　　号：G
作品名称：蛇簪
作　　者：黄一帆
指导教师：尹秋生
所在院校：广州美术学院

编　　号：H
作品名称：春(系列)
作　　者：张丽娟
指导教师：曹春生
所在院校：景德镇陶瓷学院

A	B
C	D
E	F

编　　号：A
作品名称：空间运动
作　　者：陈建威
指导教师：庄家会
所在院校：海南师范大学

编　　号：B
作品名称：狂野与宁静
作　　者：叶相丽
指导教师：邓昭
所在院校：湖北工业大学

编　　号：C
作品名称：喝前，扭一扭
作　　者：高雪
所在院校：上海大学

编　　号：D
作品名称：喔喔鸡
作　　者：高雪
所在院校：上海大学

编　　号：E
作品名称：聆听
作　　者：冯荣敏
指导教师：张尧
所在院校：湖南工业大学

编　　号：F
作品名称：母爱
作　　者：冯荣敏
指导教师：张尧
所在院校：湖南工业大学

A	B	C
D	E	F
G		H

编　　号：A
作品名称：童趣
作　　者：于海生
指导教师：刘大力
所在院校：山东艺术学院

编　　号：B
作品名称：自我
作　　者：潘旭升
指导教师：王朝阳
所在院校：大连工业大学

编　　号：C
作品名称：拥
作　　者：刘小飞
指导教师：曹春生
所在院校：景德镇陶瓷学院

编　　号：D
作品名称：第六元素
作　　者：陈志奎
指导教师：张燕根、金光石
所在院校：广西艺术学院

编　　号：E
作品名称：童年
作　　者：白顺
指导教师：于清蝉
所在院校：赤峰学院

编　　号：F
作品名称：复活
作　　者：王靖飞
指导教师：章之珺
所在院校：中国美术学院

编　　号：G
作品名称：装饰浮雕
作　　者：甄春婷
指导教师：彭小杭
所在院校：广东技术师范学院

编　　号：H
作品名称：军官
作　　者：陈家富
指导教师：张晓静
所在院校：广州美术学院

A
B
C
D

编　　号：A
作品名称：拜金主义
作　　者：于鑫
指导教师：陈琦
所在院校：西安美术学院

编　　号：B
作品名称：古茶
作　　者：于鑫
指导教师：陈琦
所在院校：西安美术学院

编　　号：C
作品名称：优雅功夫茶瓷(1)
作　　者：林杜涛
指导教师：缪君
所在院校：江门职业技术学院

编　　号：D
作品名称：优雅功夫茶瓷(2)
作　　者：林杜涛
指导教师：缪君
所在院校：江门职业技术学院

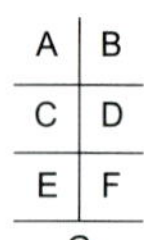

编　　号：A
作品名称：同胞系列(1)
作　　者：刘小飞
指导教师：曹春生
所在院校：景德镇陶瓷学院

编　　号：B
作品名称：圆源
作　　者：张小兰
指导教师：张尧
所在院校：湖南工业大学

编　　号：C
作品名称：茶具设计
作　　者：汤向阳
指导教师：骆小仲
所在院校：西南交通大学

编　　号：D
作品名称：非主流
作　　者：张小兰
指导教师：张尧
所在院校：湖南工业大学

编　　号：E
作品名称：陶艺福娃
作　　者：林杜涛
指导教师：缪君
所在院校：江门职业技术学院

编　　号：F
作品名称：大爱无声
作　　者：谢升航
指导教师：张燕根
所在院校：广西艺术学院

编　　号：G
作品名称：雪中印象·繁华盛世
作　　者：孙珊珊
指导教师：陈力石
所在院校：哈尔滨理工大学

汶川

A	D
	E
B	F
C	G

编　　号：A
作品名称：祈祷
作　　者：朱杰亮
指导教师：刘艺杰
所在院校：西北农林科技大学

编　　号：B
作品名称：吃面的人
作　　者：白晓乐
指导教师：章勇
所在院校：山东大学

编　　号：C
作品名称：老人头像
作　　者：田国强
指导教师：刘国松
所在院校：赤峰学院

编　　号：D
作品名称：未来人居计划
作　　者：范军
指导教师：孙闯
所在院校：四川美术学院

编　　号：E
作品名称：迹
作　　者：孙婉
指导教师：李季
所在院校：大连外国语学院

编　　号：F
作品名称：簪花
作　　者：麦春海
指导教师：王正德
所在院校：山东工艺美术学院

编　　号：G
作品名称：岁月有痕
作　　者：麦春海
指导教师：王正德
所在院校：山东工艺美术学院

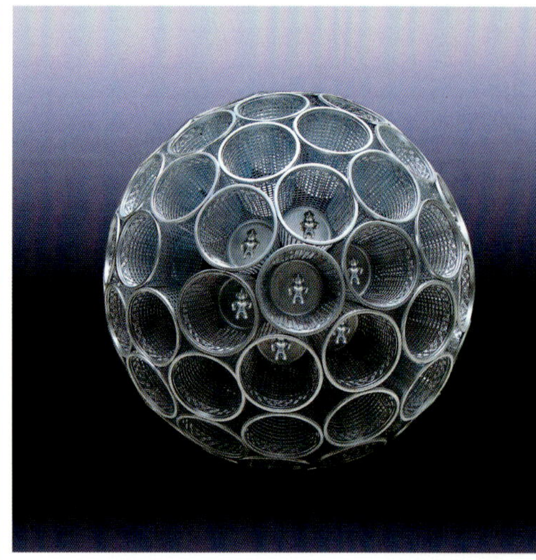

编　　号：A
作品名称：渡江罗汉
作　　者：刘红霞
指导教师：刘国松
所在院校：赤峰学院

编　　号：B
作品名称：小姐妹
作　　者：杨平
指导教师：齐常青
所在院校：赤峰学院

编　　号：C
作品名称：遗世独立
作　　者：齐宏坤
指导教师：鲍志永
所在院校：海南大学

编　　号：D
作品名称：头像写生
作　　者：甄春婷
指导教师：彭小杭
所在院校：广东技术师范学院

编　　号：E
作品名称：欢喜罗汉
作　　者：吴海震
指导教师：万吉欣
所在院校：福州大学

编　　号：F
作品名称：济公
作　　者：刘红霞
指导教师：刘国松
所在院校：赤峰学院

编　　号：G
作品名称：我的爷爷(1930-2007)
作　　者：刘东明
指导教师：王艺宁
所在院校：河北大学

编　　号：H
作品名称：牛
作　　者：陈书永
所在院校：哈尔滨学院

编　　号：I
作品名称：木雕菩萨
作　　者：田国强
指导教师：刘国松
所在院校：赤峰学院

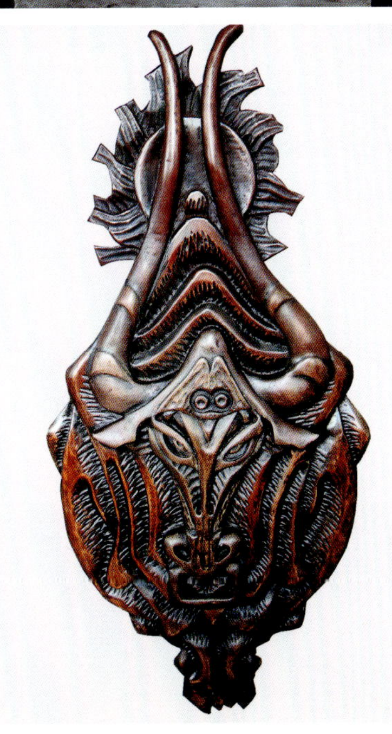

水彩
水粉

A	B
C	D
E	F

编　　号：A
作品名称：画语心境
作　　者：郭峰
所在院校：山东艺术学院

编　　号：B
作品名称：有静物的花布
作　　者：唐雁
指导教师：邹星
所在院校：玉林师范学院

编　　号：C
作品名称：南瓜
作　　者：巫茜蕊
指导教师：刘湘东
所在院校：湖南师范大学

编　　号：D
作品名称：静物
作　　者：巫茜蕊
指导教师：李水成
所在院校：湖南师范大学

编　　号：E
作品名称：枯石
作　　者：李建
指导教师：石莉
所在院校：西华大学

编　　号：F
作品名称：古风
作　　者：王彪
所在院校：北方民族大学

A	B
C	D
E	F

编　　号：A
作品名称：村落小路
作　　者：黄薇薇
指导教师：黄超成
所在院校：广西艺术学院

编　　号：B
作品名称：晌午
作　　者：黄薇薇
指导教师：黄超成
所在院校：广西艺术学院

编　　号：C
作品名称：一抹阳光
作　　者：王潇潇
指导教师：董喜春
所在院校：沈阳师范大学

编　　号：D
作品名称：秋
作　　者：张学冰
指导教师：罗静松
所在院校：内江师范学院

编　　号：E
作品名称：通往湖边的木桥
作　　者：吴甲明
指导教师：李绍中
所在院校：广西艺术学院

编　　号：F
作品名称：建筑
作　　者：鄂德想
所在院校：湖北经济学院

A	B
C	D
E	F
G	H

编　　号：A
作品名称：探
作　　者：王洋
指导教师：郑泓灏
所在院校：吉首大学

编　　号：B
作品名称：世代之光
作　　者：鲍军涛
指导教师：王绍波、侯安智
所在院校：青岛大学

编　　号：C
作品名称：自然与文明
作　　者：王志宏
指导教师：土村
所在院校：广州美术学院

编　　号：D
作品名称：静物(2)
作　　者：杨银仙
指导教师：余远权
所在院校：广东工业大学

编　　号：E
作品名称：午后的阳光
作　　者：李静静
指导教师：刘寿祥、王涌
所在院校：湖北美术学院

编　　号：F
作品名称：梦回故里
作　　者：吴甲明
指导教师：李绍中
所在院校：广西艺术学院

编　　号：G
作品名称：午后的早春季节
作　　者：谢海燕
指导教师：蓝超云
所在院校：江门职业技术学院

编　　号：H
作品名称：手套系列之二(收获)
作　　者：鲍军涛
指导教师：王绍波、侯安智
所在院校：青岛大学

A B
C D
E

编　　号：A
作品名称：雪山上的格桑花
作　　者：孙亚光
指导教师：孙彪
所在院校：大连理工大学

编　　号：B
作品名称：静物
作　　者：孙婉
指导教师：刘崇伟
所在院校：大连外国语学院

编　　号：C
作品名称：融
作　　者：马冠娇
指导教师：常伟廷
所在院校：大连理工大学

编　　号：D
作品名称：卖麦者
作　　者：梁聚能
指导教师：张志祥
所在院校：广东工业大学

编　　号：E
作品名称：晚风
作　　者：吴甲明
指导教师：李绍中
所在院校：广西艺术学院

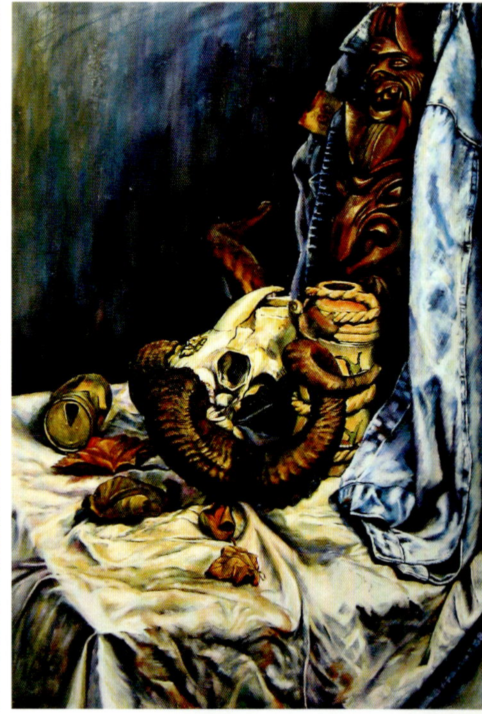

A E
B F
C G
D

编　　号：A
作品名称：听古问今
作　　者：郭峰
所在院校：山东艺术学院

编　　号：B
作品名称：期待
作　　者：范悠悠
指导教师：李水成
所在院校：湖南师范大学

编　　号：C
作品名称：故居
作　　者：许建
指导教师：马林兰
所在院校：吉林师范大学

编　　号：D
作品名称：田园
作　　者：郭丽
指导教师：戴小蛮
所在院校：湖南师范大学

编　　号：E
作品名称：锈
作　　者：姜博文
指导教师：石增琇
所在院校：天津师范大学

编　　号：F
作品名称：端午节
作　　者：王潇潇
指导教师：董喜春
所在院校：沈阳师范大学

编　　号：G
作品名称：鸡冠花
作　　者：鲍军涛
指导教师：王绍波、侯安智、王辉林
所在院校：青岛大学

A	B
C	D
E	F

编　　号：A
作品名称：借读大哥
作　　者：赵宇
指导教师：张庆平
所在院校：东北师范大学

编　　号：B
作品名称：同学大申
作　　者：赵宇
指导教师：张庆平
所在院校：东北师范大学

编　　号：C
作品名称：高兴
作　　者：赵欢
指导教师：戴瑞卿
所在院校：河北北方学院

编　　号：D
作品名称：雾里看花
作　　者：赵坤
所在院校：长春工业大学

编　　号：E
作品名称：老人
作　　者：郭丽
指导教师：戴小蛮
所在院校：湖南师范大学

编　　号：F
作品名称：华氏十八度
作　　者：张雁卓
指导教师：孟庆凯
所在院校：东北师范大学

A	B
C	D
E	F
G	H

编　　号：A
作品名称：晴天娃娃
作　　者：李静静
指导教师：刘寿祥、王涌
所在院校：湖北美术学院

编　　号：B
作品名称：同学
作　　者：王志宏
指导教师：李凯煌
所在院校：广州美术学院

编　　号：C
作品名称：雨
作　　者：马姣婧
指导教师：孟庆凯
所在院校：东北师范大学

编　　号：D
作品名称：厨房一角
作　　者：范悠悠
指导教师：刘湘东
所在院校：湖南师范大学

编　　号：E
作品名称：忆
作　　者：邢丽
指导教师：何次贤
所在院校：湘南学院

编　　号：F
作品名称：印迹·二
作　　者：许建
指导教师：陆浩然
所在院校：吉林师范大学

编　　号：G
作品名称：竹器与啤酒
作　　者：钟婕
指导教师：金百洋
所在院校：天津工业大学

编　　号：H
作品名称：坛子水果
作　　者：蔡彩霞
所在院校：福建工程学院

A	B
C	D
E	F

编　　号：A
作品名称：不朽的延续
作　　者：齐霁
指导教师：李勇
所在院校：中国美术学院

编　　号：B
作品名称：仰
作　　者：毕海波
指导教师：金科
所在院校：西南大学

编　　号：C
作品名称：迷失
作　　者：巫茜蕊
指导教师：冯晓阳
所在院校：湖南师范大学

编　　号：D
作品名称：红墙
作　　者：王志宏
指导教师：李凯煌
所在院校：广州美术学院

编　　号：E
作品名称：山间小路
作　　者：董志朋
所在院校：哈尔滨学院

编　　号：F
作品名称：额吉
作　　者：马冠娇
指导教师：常伟廷
所在院校：大连理工大学

A	B
C	D
E	F
G	H

编　　号：A
作品名称：那山
作　　者：肖茜
指导教师：俞德刚
所在院校：内江师范学院

编　　号：B
作品名称：农家
作　　者：毕海波
指导教师：金科
所在院校：西南大学

编　　号：C
作品名称：格子屋
作　　者：廖华平
所在院校：内江师范学院

编　　号：D
作品名称：十月
作　　者：廖华平
所在院校：内江师范学院

编　　号：E
作品名称：印象·三娘湾(二)
作　　者：谢萍
指导教师：张燕根
所在院校：广西艺术学院

编　　号：F
作品名称：印象·三娘湾(一)
作　　者：谢萍
指导教师：张燕根
所在院校：广西艺术学院

编　　号：G
作品名称：静
作　　者：王磊
指导教师：余学伟
所在院校：重庆三峡学院

编　　号：H
作品名称：湖边
作　　者：赵坤
所在院校：长春工业大学

A	B
C	D
E	F

编　　号：A
作品名称：色彩静物
作　　者：张修翼
指导教师：刘崇伟
所在院校：大连外国语学院

编　　号：B
作品名称：水粉静物
作　　者：宋翔宇
所在院校：内江师范学院

编　　号：C
作品名称：景物水粉
作　　者：徐嘉辛
指导教师：蔡伟虹
所在院校：苏州大学

编　　号：D
作品名称：水粉静物
作　　者：畅敏
指导教师：安毅
所在院校：西北民族大学

编　　号：E
作品名称：色彩景物
作　　者：江慧鹏
指导教师：刘崇伟
所在院校：大连外国语学院

编　　号：F
作品名称：静物组合
作　　者：宋翔宇
指导教师：李臣英
所在院校：内江师范学院

A	B
C	D
E	F
G	H

编　　号：A
作品名称：静物(2)
作　　者：陈洁雄
指导教师：汤佩文
所在院校：江门职业技术学院

编　　号：B
作品名称：古韵留香
作　　者：张更辉
指导教师：刘其敏
所在院校：广东工业大学

编　　号：C
作品名称：鲜
作　　者：李昕熠
指导教师：黄光强
所在院校：四川农业大学

编　　号：D
作品名称：静物
作　　者：宋晓斐
指导教师：张少泉、周安平
所在院校：西北民族大学

编　　号：E
作品名称：静物水粉
作　　者：王振海
指导教师：肖有法
所在院校：山东工艺美术学院

编　　号：F
作品名称：坛子蔬菜
作　　者：蔡彩霞
所在院校：福建工程学院

编　　号：G
作品名称：北海
作　　者：孙丽芳
指导教师：李东鸣
所在院校：四川美术学院

编　　号：H
作品名称：时间·忆
作　　者：冯娜
指导教师：卢洪祥
所在院校：山东工艺美术学院

A | B
C | D
E | F

编　　号：A
作品名称：水粉静物
作　　者：李杨
指导教师：颜永刚
所在院校：湖南师范大学

编　　号：B
作品名称：水粉静物
作　　者：陈真真
指导教师：崔璀
所在院校：山东电子职业技术学院

编　　号：C
作品名称：静物(1)
作　　者：杨银仙
指导教师：余远权
所在院校：广东工业大学

编　　号：D
作品名称：平凡・烧饼
作　　者：陈志臣
指导教师：孔少波
所在院校：湖北师范学院

编　　号：E
作品名称：青少年
作　　者：马姣婧
指导教师：孟庆凯
所在院校：东北师范大学

编　　号：F
作品名称：静物二
作　　者：胡林尧
所在院校：宝鸡文理学院

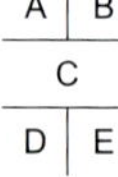

编　　号：A
作品名称：宁静
作　　者：董帆
指导教师：袁俐
所在院校：山东艺术学院

编　　号：B
作品名称：有解剖马的水粉静物
作　　者：刘艇宇
指导教师：周宏斌
所在院校：集美大学

编　　号：C
作品名称：被遗忘的人家
作　　者：张金才
指导教师：俞德刚
所在院校：内江师范学院

编　　号：D
作品名称：色彩静物马蹄莲
作　　者：刁术雷
指导教师：管朴学
所在院校：山东艺术学院

编　　号：E
作品名称：苗寨
作　　者：吴甲明
指导教师：李绍中
所在院校：广西艺术学院

A	E
B	F
C	
D	G

编　　号：A、B、C
作品名称：川东民居系列(1-3)
作　　者：汪流全
指导教师：杨国志
所在院校：达州职业技术学院

编　　号：D
作品名称：五月
作　　者：何玉娜
指导教师：迟海波
所在院校：山东工艺美术学院

编　　号：E
作品名称：望
作　　者：何玉娜
指导教师：迟海波
所在院校：山东工艺美术学院

编　　号：F
作品名称：房前屋后
作　　者：王磊
指导教师：余学伟
所在院校：重庆三峡学院

编　　号：G
作品名称：日暮
作　　者：张金才
指导教师：俞德刚
所在院校：内江师范学院

素描
速写

A	B
C	D
E	F

编　　号：A
作品名称：大卫
作　　者：王军茂
所在院校：内江师范学院

编　　号：B
作品名称：大卫
作　　者：谢昆明
指导教师：绉建敏
所在院校：广东工业大学

编　　号：C
作品名称：石膏
作　　者：邹洪仁
指导教师：谭铿
所在院校：五邑大学

编　　号：D
作品名称：素描石膏
作　　者：马刚
指导教师：丁炜
所在院校：曲阜师范大学

编　　号：E
作品名称：素描石膏
作　　者：刘圣洁
指导教师：李平
所在院校：山东大学

编　　号：F
作品名称：隐忍拉奥孔
作　　者：罗娟
所在院校：四川理工学院

A	B	C
D	E	F
G	H	I

编　　号：A
作品名称：拉奥孔石膏像
作　　者：姜博文
指导教师：雷显峰
所在院校：天津师范大学

编　　号：B
作品名称：大卫
作　　者：王敏
指导教师：敖国欣
所在院校：华南师范大学

编　　号：C
作品名称：大卫
作　　者：赵伟
指导教师：房雨轩
所在院校：河北师范大学

编　　号：D
作品名称：美第奇
作　　者：于钦秋
所在院校：南京师范大学

编　　号：E
作品名称：石膏头像
作　　者：邱晓行
所在院校：重庆文理学院

编　　号：F
作品名称：大卫石膏像
作　　者：吴庭昌
指导教师：钟晓京
所在院校：西安美术学院

编　　号：G
作品名称：力量
作　　者：邵长州
指导教师：刘新刚
所在院校：山东大学

编　　号：H
作品名称：大卫
作　　者：李昕
指导教师：方明
所在院校：吉林艺术学院

编　　号：I
作品名称：大卫写生
作　　者：徐虎虎
指导教师：张选会
所在院校：甘肃政法学院

A	B
C	D
E	F

编　　号：A
作品名称：布鲁特斯
作　　者：翟清运
指导教师：朱光临
所在院校：山东艺术学院

编　　号：B
作品名称：静谧的维纳斯
作　　者：马丽丽
指导教师：卞迅
所在院校：东北大学

编　　号：C
作品名称：石膏像(1)
作　　者：刘莹
指导教师：秦秀杰
所在院校：东北师范大学

编　　号：D
作品名称：沉静中的阿里亚斯
作　　者：林涛
指导教师：侯志光
所在院校：重庆工商大学

编　　号：E
作品名称：黑人
作　　者：田盛子
所在院校：华南师范大学

编　　号：F
作品名称：素描石膏像
作　　者：刘传珂
指导教师：章勇
所在院校：山东大学

A	B	C
D	E	F
G	H	I

编　　号：A
作品名称：荷马石膏像
作　　者：孙晓玲
指导教师：刘刚
所在院校：华东师范大学

编　　号：B
作品名称：荷马
作　　者：刘雅倩
指导教师：刘意
所在院校：华中师范大学

编　　号：C
作品名称：马赛
作　　者：杨明伟
指导教师：常国志
所在院校：天津师范大学

编　　号：D
作品名称：伏尔泰
作　　者：吕友者
指导教师：阮荣春
所在院校：上海大学

编　　号：E
作品名称：马赛曲
作　　者：姜安应
指导教师：陈林
所在院校：内江师范学院

编　　号：F
作品名称：陕北青年
作　　者：谷萌萌
指导教师：邱凤香
所在院校：长春工业大学

编　　号：G
作品名称：石膏像
作　　者：徐庶
指导教师：郭楠、王丹
所在院校：科尔沁艺术职业学院

编　　号：H
作品名称：青年者石膏像
作　　者：孙晓玲
指导教师：刘刚
所在院校：华东师范大学

编　　号：I
作品名称：塔头
作　　者：杨明伟
指导教师：常国志
所在院校：天津师范大学

A	B
C	D
E	F

编　　号：A
作品名称：素描石膏像
作　　者：周延豹
指导教师：章勇
所在院校：山东大学

编　　号：B
作品名称：赫尔克里斯石膏像
作　　者：刘艇宇
指导教师：张葆东
所在院校：集美大学

编　　号：C
作品名称：荷马
作　　者：邵链鹏
所在院校：天津美术学院

编　　号：D
作品名称：石膏像(2)
作　　者：刘莹
指导教师：秦秀杰
所在院校：东北师范大学

编　　号：E
作品名称：荷马石膏像写生
作　　者：王鹏程
所在院校：兰州商学院

编　　号：F
作品名称：大卫
作　　者：肖阅
指导教师：李禧
所在院校：南京林业大学

A	B	C
D	E	F
G	H	I

编　　号：A
作品名称：素描习作(1)
作　　者：王真真
指导教师：刘崇伟
所在院校：大连外国语学院

编　　号：B
作品名称：素描景物
作　　者：于梦
指导教师：刘崇伟
所在院校：大连外国语学院

编　　号：C
作品名称：石膏素描
作　　者：孙楠茜
指导教师：刘琮伟
所在院校：大连外国语学院

编　　号：D
作品名称：素描
作　　者：樊亮
指导教师：童坤
所在院校：黄冈师范学院

编　　号：E
作品名称：坚持到底
作　　者：梁耀坤
指导教师：刑建华
所在院校：广东技术师范学院

编　　号：F
作品名称：素描静物
作　　者：王佳
指导教师：王振德
所在院校：大连大学

编　　号：G
作品名称：晨曲
作　　者：黄海霞
指导教师：秦德梅
所在院校：山东师范大学

编　　号：H
作品名称：民族遗韵
作　　者：胡光裕
指导教师：张迎春
所在院校：河南大学

编　　号：I
作品名称：素描景物
作　　者：庄鹏
指导教师：刘崇伟
所在院校：大连外国语学院

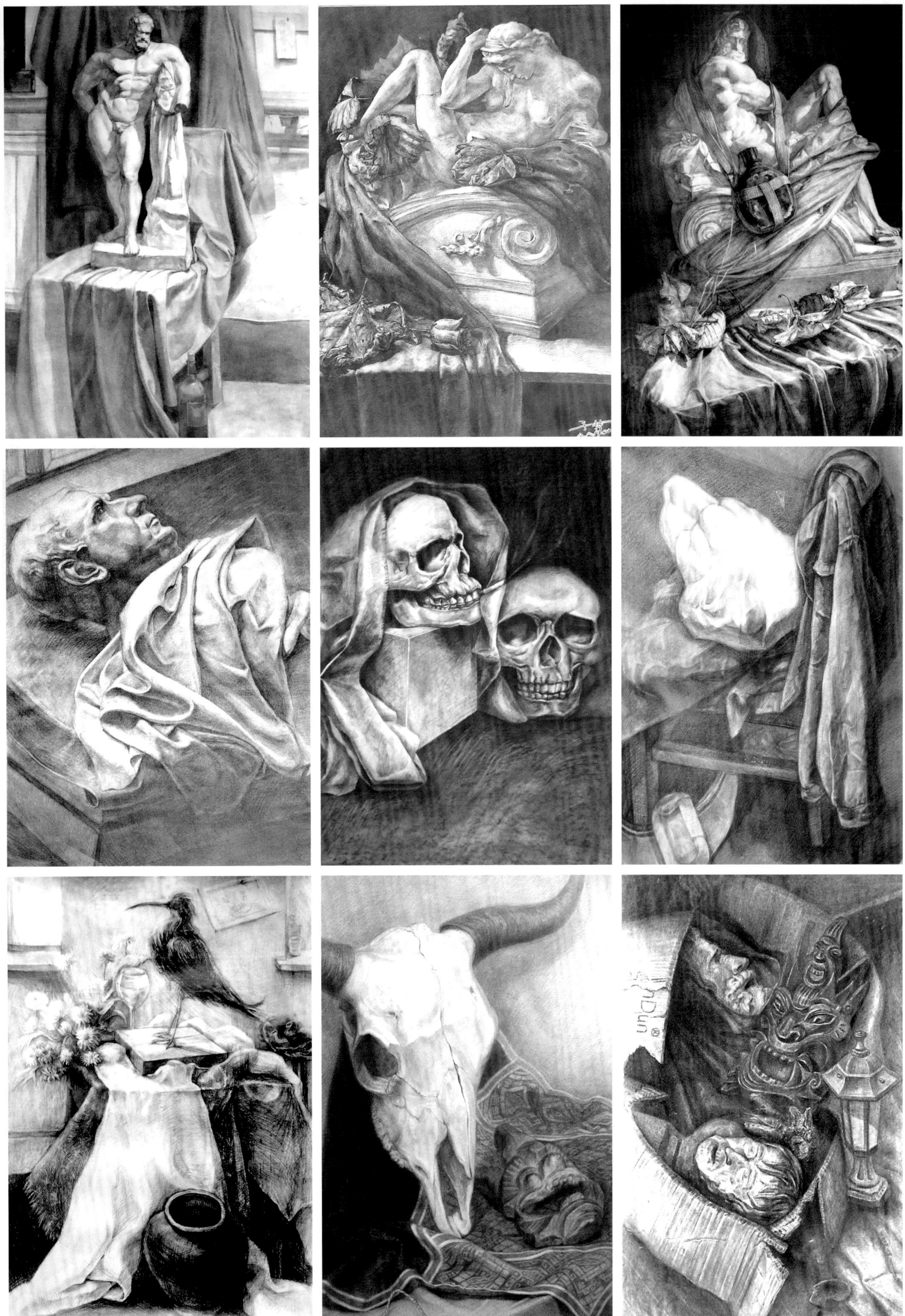

A	B
C	D
E	F

编　　号：A
作品名称：新疆老汉
作　　者：郭晓勇
所在院校：北方民族大学

编　　号：B
作品名称：晨憩
作　　者：李授图
指导教师：陈莪苋
所在院校：温州大学

编　　号：C
作品名称：阿妈
作　　者：陈志明
指导教师：陈定泽
所在院校：广东工业大学

编　　号：D
作品名称：眼神
作　　者：张靖
指导教师：李宜盛
所在院校：内江师范学院

编　　号：E
作品名称：岁月老人
作　　者：陈志明
指导教师：曾令琴
所在院校：广东工业大学

编　　号：F
作品名称：吉祥老人
作　　者：陈志明
指导教师：曾令琴
所在院校：广东工业大学

A	B	C
D	E	F
G	H	I

编　　号：A
作品名称：同学小胖
作　　者：徐虎虎
指导教师：张选会
所在院校：甘肃政法学院

编　　号：B
作品名称：我
作　　者：黄芳累
所在院校：汕头大学

编　　号：C
作品名称：小茜
作　　者：李德龙
指导教师：刘畅胜
所在院校：曲阜师范大学

编　　号：D
作品名称：我的朋友
作　　者：周浩磊
指导教师：刘宁
所在院校：山东工艺美术学院

编　　号：E
作品名称：写生头像
作　　者：杨林
所在院校：大连工业大学

编　　号：F
作品名称：肖像
作　　者：杜伟
所在院校：四川美术学院

编　　号：G
作品名称：大头像
作　　者：陈月霞
指导教师：陈文彬
所在院校：华南师范大学

编　　号：H
作品名称：自画像
作　　者：吕亚南
指导教师：解基程
所在院校：天津工业大学

编　　号：I
作品名称：素描头像
作　　者：吕亚南
指导教师：解基程
所在院校：天津工业大学

A	B
C	D
E	F

编　　号：A
作品名称：蒙古族学生
作　　者：程军海
指导教师：那顺蒙和
所在院校：内蒙古大学

编　　号：B
作品名称：扎着头发的女子
作　　者：程军海
指导教师：那顺蒙和
所在院校：内蒙古大学

编　　号：C
作品名称：女子肖像写生
作　　者：程军海
指导教师：那顺蒙和
所在院校：内蒙古大学

编　　号：D
作品名称：肖像
作　　者：陈畅
指导教师：王正光
所在院校：深圳大学

编　　号：E
作品名称：岁月带不走的笑容
作　　者：陈志明
指导教师：陈定泽
所在院校：广东工业大学

编　　号：F
作品名称：老大
作　　者：耿日辉
所在院校：武汉科技学院

A	B	C
D	E	F
G	H	I

编　　号：A
作品名称：姥姥
作　　者：郭瑾
所在院校：琼州学院

编　　号：B
作品名称：老年头像写生
作　　者：薛现起
指导教师：刘小弟
所在院校：北方民族大学

编　　号：C
作品名称：八十岁老年头像写生
作　　者：薛现起
指导教师：刘小弟
所在院校：北方民族大学

编　　号：D
作品名称：老人头像
作　　者：许茜茜
指导教师：张鸿翔
所在院校：四川师范大学

编　　号：E
作品名称：中年男子头像
作　　者：李俊超
指导教师：赵彬
所在院校：连云港职业技术学院

编　　号：F
作品名称：女头像
作　　者：马跃
指导教师：王鸿章
所在院校：东北师范大学

编　　号：G
作品名称：人物写生(1)
作　　者：毛婷婷
指导教师：潘素敏
所在院校：中原工学院

编　　号：H
作品名称：加莱义民
作　　者：严倩碧
指导教师：姚亮
所在院校：广东技术师范学院

编　　号：I
作品名称：父亲
作　　者：银众军
指导教师：蒋玉明
所在院校：石家庄东方美术职业学院

A	B
C	D
E	F

编　　号：A
作品名称：瞢
作　　者：王阳
指导教师：王国伦
所在院校：北京科技大学

编　　号：B
作品名称：雨中老者
作　　者：林朗明
指导教师：林贯
所在院校：德镇陶瓷学院

编　　号：C
作品名称：丝杀
作　　者：王阳
指导教师：王国伦
所在院校：北京科技大学

编　　号：D
作品名称：来自外太空的男人
作　　者：林朗明
指导教师：林贯
所在院校：德镇陶瓷学院

编　　号：E
作品名称：自画像
作　　者：齐宏坤
所在院校：海南大学

编　　号：F
作品名称：女青年
作　　者：向昭鹤
指导教师：刘卓
所在院校：山东大学

A	B	C
D	E	F
G	H	I

编　　号：A
作品名称：母爱
作　　者：银众军
指导教师：蒋玉明
所在院校：石家庄东方美术职业学院

编　　号：B
作品名称：女人像
作　　者：张萍萍
指导教师：郑静、樊进
所在院校：南京艺术学院

编　　号：C
作品名称：人物头像
作　　者：李楠
所在院校：合肥学院

编　　号：D
作品名称：头像
作　　者：代雪晴
指导教师：肖旭琳
所在院校：云南师范大学

编　　号：E
作品名称：自画像
作　　者：周浩磊
指导教师：刘宁
所在院校：山东工艺美术学院

编　　号：F
作品名称：男青年头像
作　　者：李凤云
指导教师：陈曦
所在院校：华中师范大学

编　　号：G
作品名称：素描写生
作　　者：刘圣洁
指导教师：李平
所在院校：山东大学

编　　号：H
作品名称：望
作　　者：柳佳
指导教师：章新成
所在院校：九江学院

编　　号：I
作品名称：男青年
作　　者：梁志远
指导教师：王文明
所在院校：广州美术学院

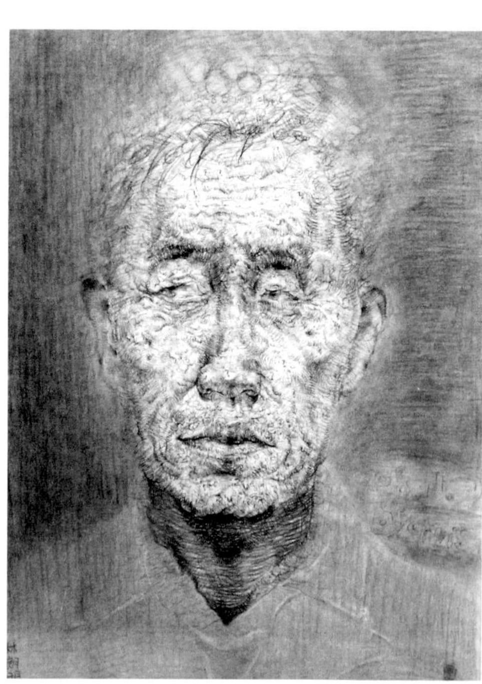

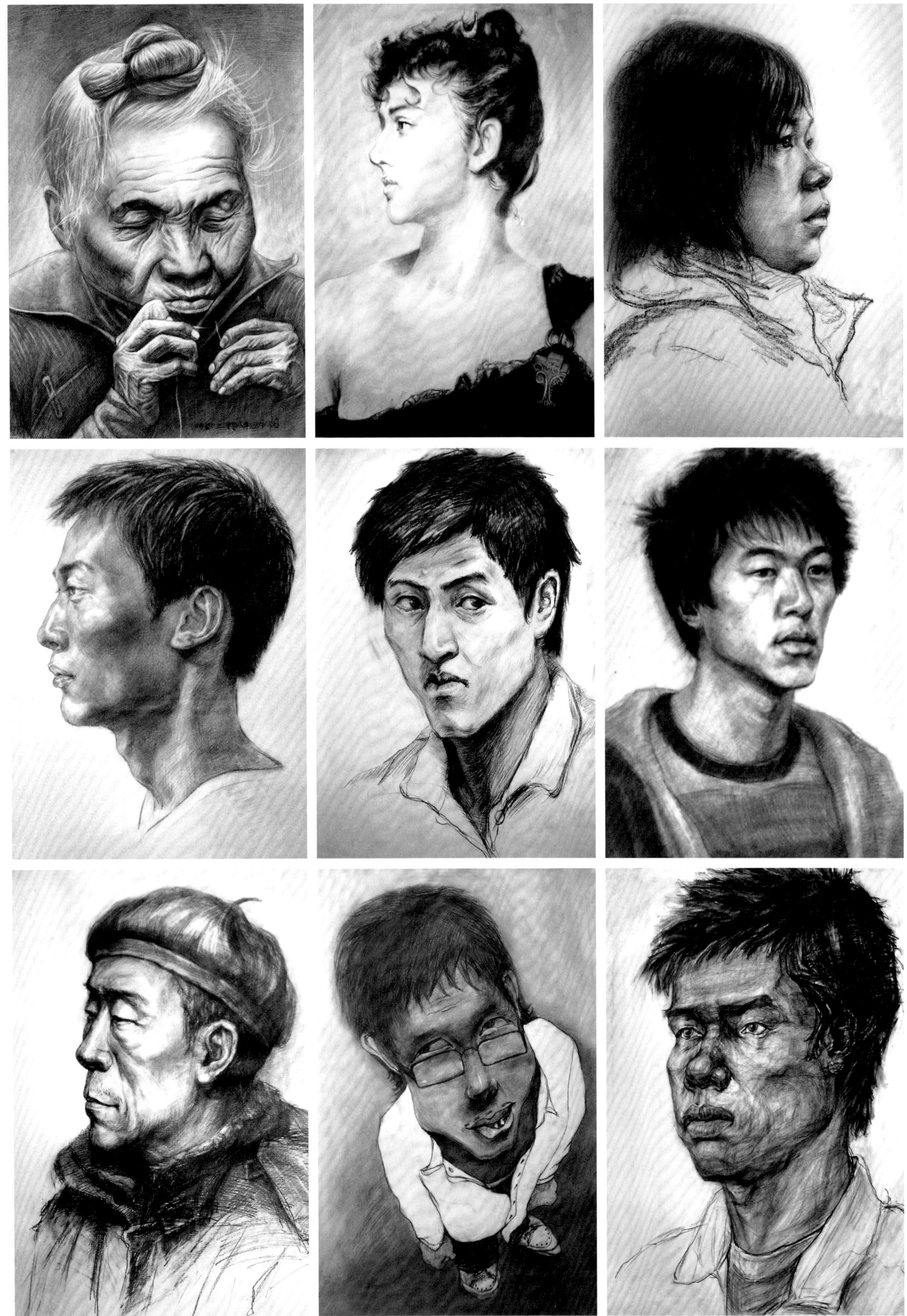

A	B
C	D
E	F

编　　号：A
作品名称：母亲与孩子
作　　者：姜安应
指导教师：李臣英
所在院校：内江师范学院

编　　号：B
作品名称：蒙古族农民
作　　者：程军海
指导教师：那顺蒙和
所在院校：内蒙古大学

编　　号：C
作品名称：老人像
作　　者：吴延博
指导教师：刘小弟
所在院校：北方民族大学

编　　号：D
作品名称：老人像
作　　者：公圆圆
指导教师：刘小弟
所在院校：北方民族大学

编　　号：E
作品名称：瞽
作　　者：罗敏
指导教师：邱大平
所在院校：怀化学院

编　　号：F
作品名称：女中年半身像
作　　者：吴庭昌
指导教师：钟晓京
所在院校：西安美术学院

A	B	C
D	E	F
G	H	I

编　　号：A
作品名称：人物
作　　者：邹洪仁
指导教师：谭铿
所在院校：五邑大学

编　　号：B
作品名称：舍友
作　　者：向昭鹤
指导教师：刘卓
所在院校：山东大学

编　　号：C
作品名称：课堂习作
作　　者：和建华
指导教师：刘春龙、翟建平
所在院校：河北经贸大学

编　　号：D
作品名称：人物写生
作　　者：刘文
所在院校：西安美术学院

编　　号：E
作品名称：打鱼翁
作　　者：张靖
指导教师：李宜盛
所在院校：内江师范学院

编　　号：F
作品名称：老人写生
作　　者：张萍萍
指导教师：郑静、樊进
所在院校：南京艺术学院

编　　号：G
作品名称：无奈
作　　者：谈文范
指导教师：张驰
所在院校：九江学院

编　　号：H
作品名称：女全身像
作　　者：马程羽
指导教师：刘国松
所在院校：赤峰学院

编　　号：I
作品名称：人物半身像写生
作　　者：刘文
所在院校：西安美术学院

A	B
C	D
E	F

编　　号：A
作品名称：女孩
作　　者：刘东京
指导教师：梁丹
所在院校：玉林师范学院

编　　号：B
作品名称：胶东大娘写生
作　　者：邵长州
指导教师：毕建勇
所在院校：山东大学

编　　号：C
作品名称：人物写生(2)
作　　者：马瑞兰
指导教师：高鹏
所在院校：内蒙古大学

编　　号：D
作品名称：猫蝶图
作　　者：赵伟
指导教师：房雨轩
所在院校：河北师范大学

编　　号：E
作品名称：肥胖的人
作　　者：汤国伟
指导教师：罗灵
所在院校：江门职业技术学院

编　　号：F
作品名称：亲爱的四郎曲腊
作　　者：罗娟
指导教师：荣志彬
所在院校：四川理工学院

A	B	C
D	E	F
G	H	I

编　　号：A
作品名称：老汉
作　　者：周志明
指导教师：荣志彬
所在院校：四川理工学院

编　　号：B
作品名称：写生
作　　者：刘文婕
指导教师：荣志彬
所在院校：四川理工学院

编　　号：C
作品名称：国色天香
作　　者：陈文苑
指导教师：陈文光
所在院校：广州美术学院

编　　号：D
作品名称：老者
作　　者：周志明
指导教师：荣志彬
所在院校：四川理工学院

编　　号：E
作品名称：人物写生(1)
作　　者：马瑞兰
指导教师：高鹏
所在院校：内蒙古大学

编　　号：F
作品名称：人物半身像
作　　者：李楠
所在院校：合肥学院

编　　号：G
作品名称：模特刘嫂
作　　者：孙原
指导教师：陈金华
所在院校：厦门大学

编　　号：H
作品名称：男全身像
作　　者：马程羽
指导教师：刘国松
所在院校：赤峰学院

编　　号：I
作品名称：自画像
作　　者：徐冰清
指导教师：刘卓
所在院校：山东大学

A	B
C	D
E	F

编　　号：A
作品名称：人体
作　　者：王弘博
指导教师：林江
所在院校：西南交通大学

编　　号：B
作品名称：拿包的人体
作　　者：王弘博
指导教师：陈立民
所在院校：西南交通大学

编　　号：C
作品名称：人体
作　　者：乙三水
指导教师：李春梅
所在院校：齐齐哈尔大学

编　　号：D
作品名称：女人体(2)
作　　者：陈允庆
指导教师：纳建宁
所在院校：北方民族大学

编　　号：E
作品名称：素描女人体(1)
作　　者：王潇潇
指导教师：董喜春
所在院校：沈阳师范大学

编　　号：F
作品名称：女人体
作　　者：周浩磊
指导教师：刘宁
所在院校：山东工艺美术学院

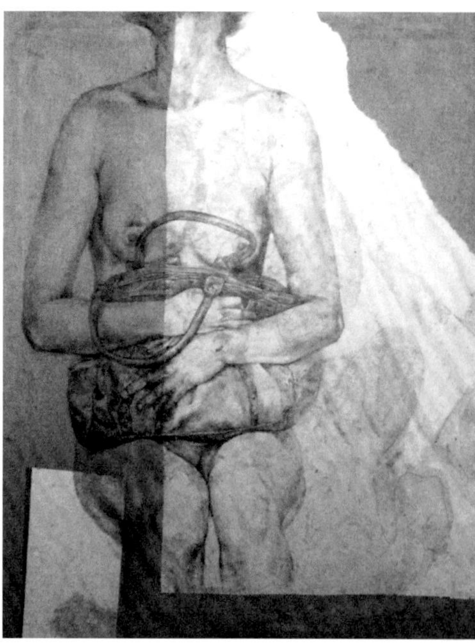

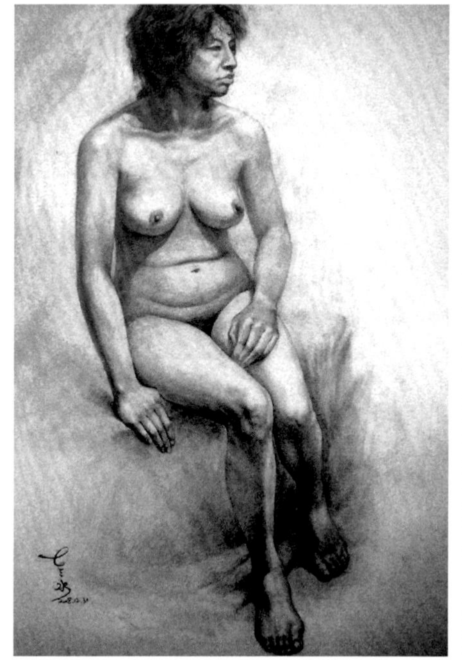

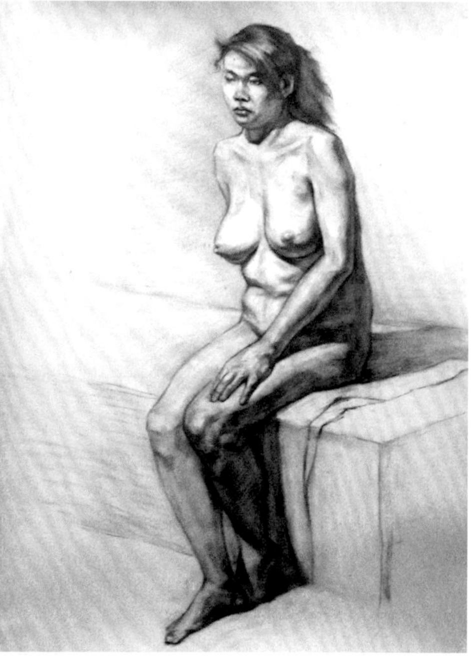

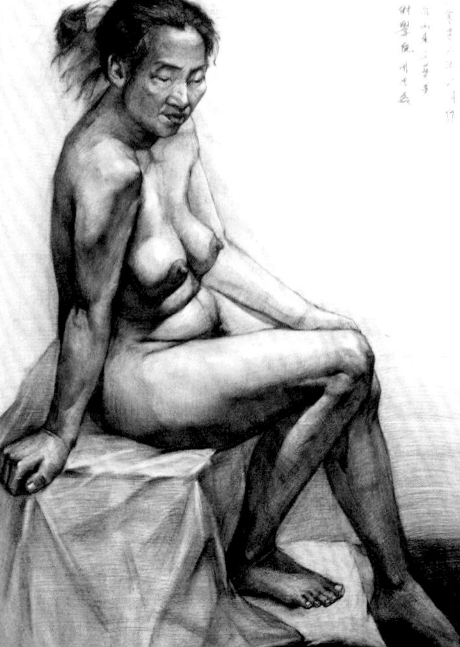

A	B
C	D
E	F
G	H

编　　号：A
作品名称：灵动之美
作　　者：杜伟
所在院校：四川美术学院

编　　号：B
作品名称：老人
作　　者：陈书永
所在院校：哈尔滨学院

编　　号：C
作品名称：素描人体
作　　者：苏莱曼·穆海
所在院校：北方民族大学

编　　号：D
作品名称：老人
作　　者：蒋丽
所在院校：重庆大学

编　　号：E
作品名称：男人体
作　　者：陈允庆
指导教师：纳建宁
所在院校：北方民族大学

编　　号：F
作品名称：关于坐姿的研究系列之一
作　　者：汪汝义
指导教师：兰天
所在院校：长江大学

编　　号：G
作品名称：妇女头像
作　　者：夏玥
指导教师：王卿
所在院校：西安美术学院

编　　号：H
作品名称：困惑的哈士奇
作　　者：刘子寒
指导教师：徐青巍
所在院校：青岛大学

A	B
C	D
E	F

编　　号：A
作品名称：裸体女人
作　　者：付何盼
指导教师：李莹、卢永新
所在院校：东北师范大学

编　　号：B
作品名称：现实
作　　者：马营
指导教师：徐青巍
所在院校：青岛大学

编　　号：C
作品名称：朦胧女人
作　　者：付何盼
指导教师：李莹、卢永新
所在院校：东北师范大学

编　　号：D
作品名称：女人体
作　　者：马跃
指导教师：王鸿章
所在院校：东北师范大学

编　　号：E
作品名称：立
作　　者：于钦秋
所在院校：南京师范大学

编　　号：F
作品名称：一穷二白
作　　者：李凤云
指导教师：张聃
所在院校：华中师范大学

A	B	C
D	E	F
G	H	I

编　　号：A
作品名称：机理
作　　者：杜伟
所在院校：四川美术学院

编　　号：B
作品名称：男人体
作　　者：唐飞
指导教师：宋伟
所在院校：鲁迅美术学院

编　　号：C
作品名称：模特老张
作　　者：孙晓东
指导教师：袁敏
所在院校：厦门大学

编　　号：D
作品名称：素描人体
作　　者：刘佳敬
指导教师：于洪春
所在院校：河北农业大学

编　　号：E
作品名称：人体系列一
作　　者：曹中琴
指导教师：李希山
所在院校：西华师范大学

编　　号：F
作品名称：男模
作　　者：王惠
指导教师：戴艳萍
所在院校：山东大学

编　　号：G
作品名称：渔女
作　　者：谈文范
指导教师：张驰
所在院校：九江学院

编　　号：H
作品名称：人体素描
作　　者：李菲
指导教师：史峰
所在院校：鲁东大学

编　　号：I
作品名称：怀念
作　　者：罗娟
指导教师：荣志彬
所在院校：四川理工学院

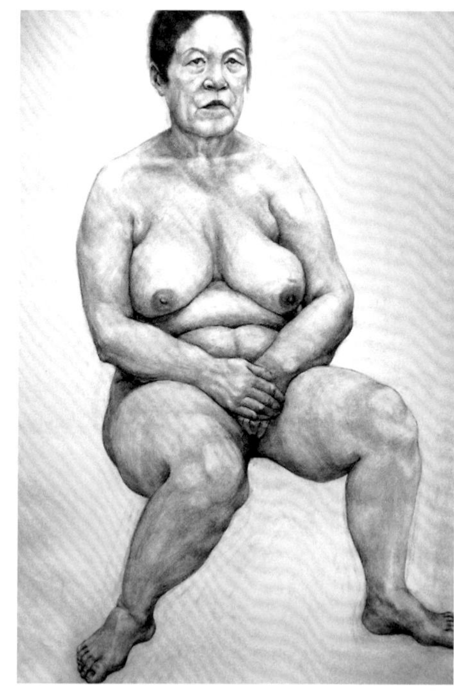

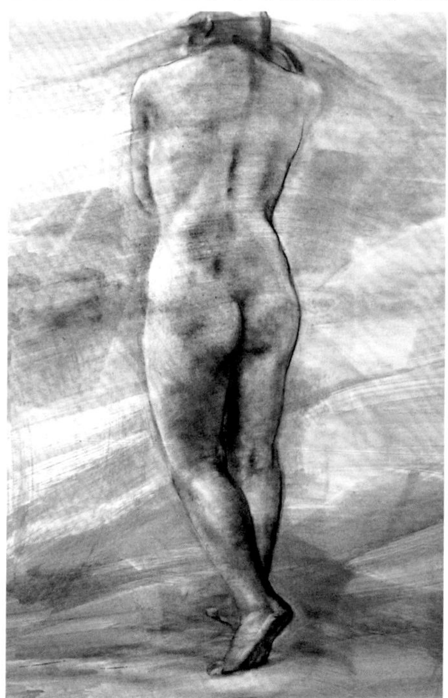

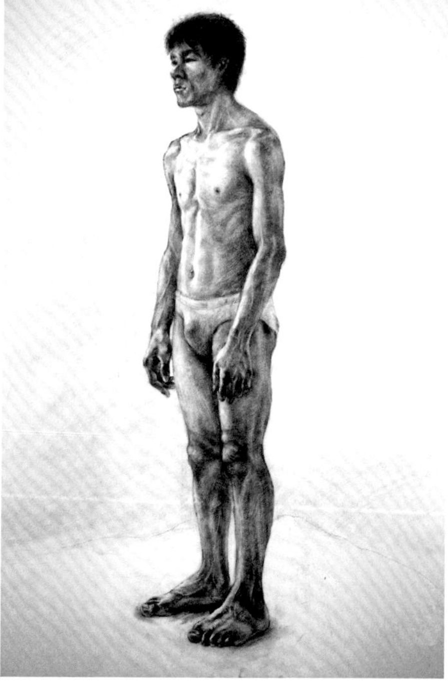

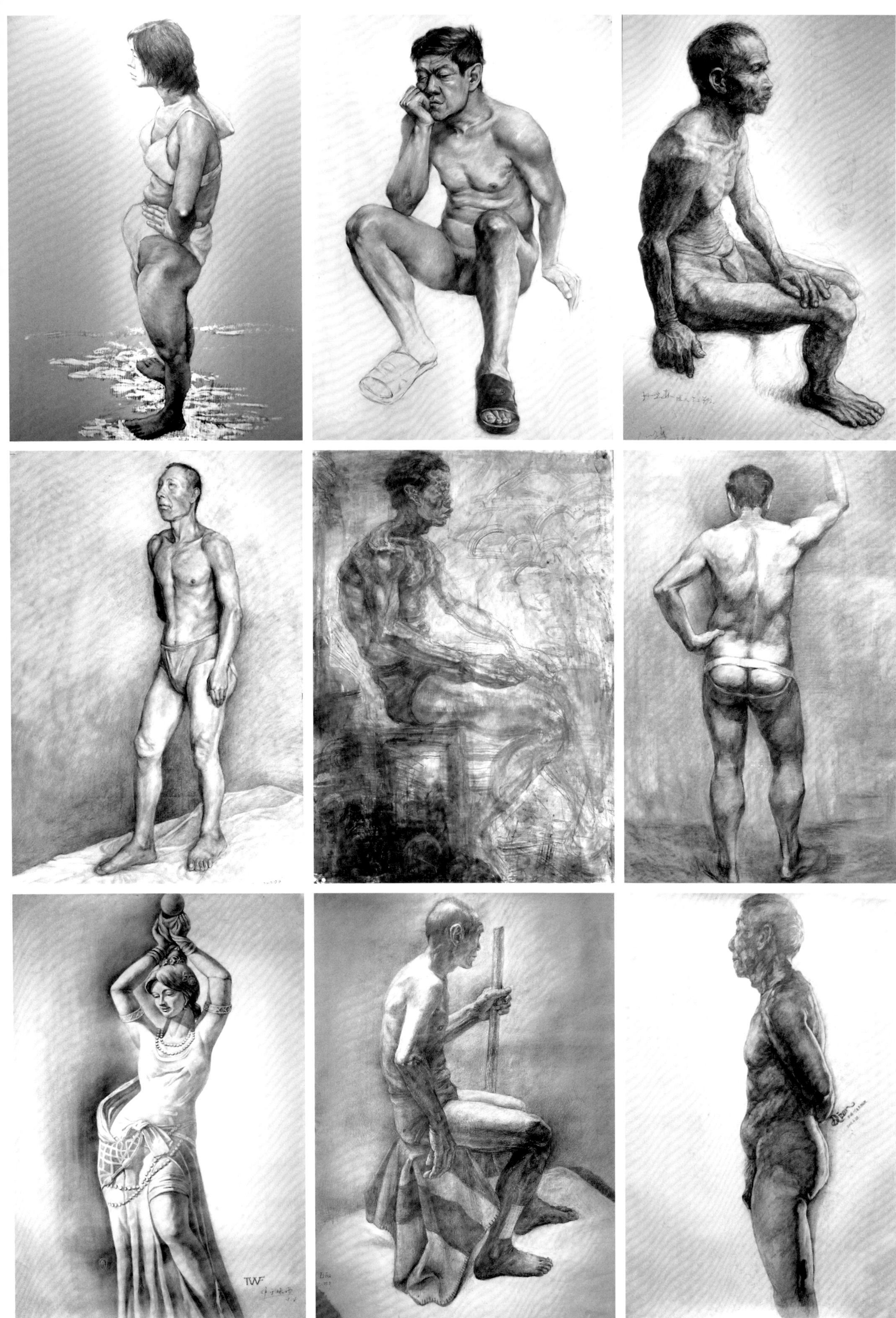

<table>
<tr><td rowspan="2">A</td><td>C</td></tr>
<tr><td>D</td></tr>
<tr><td>B</td><td>E</td></tr>
</table>

编　　号：A
作品名称：红包女子
作　　者：王沅桢
指导教师：党震
所在院校：山东艺术学院

编　　号：B
作品名称：自画像
作　　者：梅建肖
指导教师：郭逢晨
所在院校：河北师范大学

编　　号：C
作品名称：半身像
作　　者：王素云
指导教师：李平
所在院校：山东大学

编　　号：D
作品名称：关于坐姿的研究系列之二
作　　者：汪汝义
指导教师：兰天
所在院校：长江大学

编　　号：E
作品名称：老年半身像
作　　者：姜博文
指导教师：雷显峰
所在院校：天津师范大学

A	B	C
D	E	F
G	H	I

编　　号：A
作品名称：设计素描
作　　者：李阳
指导教师：郭乐峰
所在院校：河北北方学院

编　　号：B
作品名称：设计素描
作　　者：彭媛
指导教师：刘鹰、吕娜、李莹
所在院校：琼州学院

编　　号：C
作品名称：中华神韵
作　　者：曾乐君
指导教师：龚晓青
所在院校：咸阳师范学院

编　　号：D
作品名称：无题
作　　者：余洪
指导教师：徐青巍
所在院校：青岛大学

编　　号：E
作品名称：素描习作(2)
作　　者：王真真
指导教师：刘崇伟
所在院校：大连外国语学院

编　　号：F
作品名称：内在的力量
作　　者：蒋寿盼
指导教师：龚晓青
所在院校：咸阳师范学院

编　　号：G
作品名称：挣扎中的生存
作　　者：马冠娇
指导教师：常伟廷
所在院校：大连理工大学

编　　号：H
作品名称：无题
作　　者：吕翠萍
指导教师：徐青巍
所在院校：青岛大学

编　　号：I
作品名称：大自然(望)
作　　者：杨晓星
指导教师：戴瑞卿
所在院校：河北北方学院

Time's up
Fly me to
calculatio
The Suez Canal

A E
B F
C
D G

编　　号：A
作品名称：猩猩
作　　者：严倩碧
指导教师：姚亮
所在院校：广东技术师范学院

编　　号：B
作品名称：大自然(潜伏)
作　　者：杨晓星
指导教师：戴瑞卿
所在院校：河北北方学院

编　　号：C
作品名称：男人体写生
作　　者：初磊
指导教师：郑静、樊进
所在院校：南京艺术学院

编　　号：D
作品名称：静物
作　　者：畅敏
指导教师：安毅
所在院校：西北民族大学

编　　号：E
作品名称：夜黑风高
作　　者：邹超
指导教师：戴艾先
所在院校：浙江万里学院

编　　号：F
作品名称：静物铁器
作　　者：谈文范
指导教师：刘笑春
所在院校：九江学院

编　　号：G
作品名称：山・脊背
作　　者：汪汝义
指导教师：兰天
所在院校：长江大学

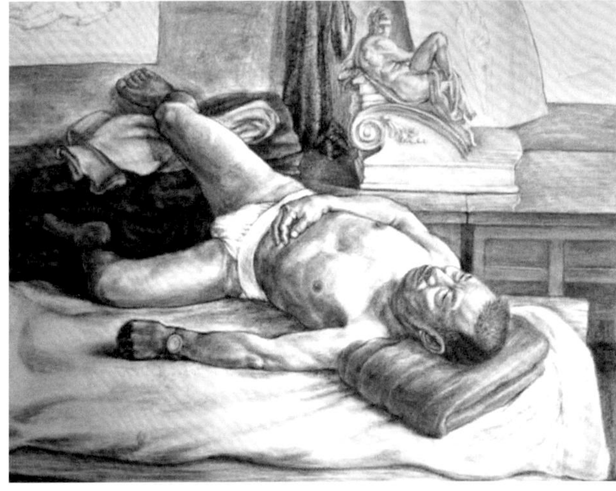

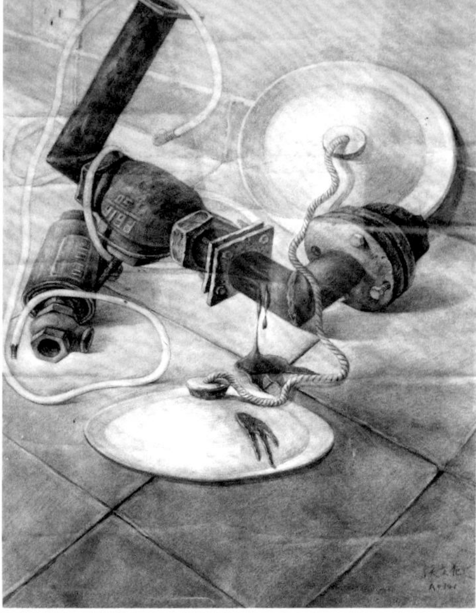

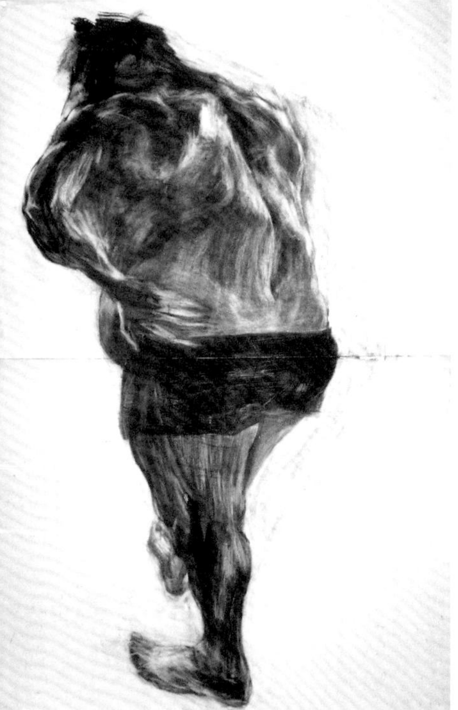

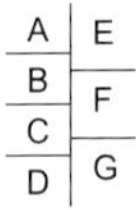

编　　号：A
作品名称：树根
作　　者：刘征
指导教师：李国达
所在院校：赤峰学院

编　　号：B
作品名称：静物
作　　者：陈畅
所在院校：深圳大学

编　　号：C
作品名称：湘情
作　　者：郭轩豪
指导教师：杨伟华
所在院校：商丘师范学院

编　　号：D
作品名称：静物
作　　者：李授图
指导教师：关明新
所在院校：温州大学

编　　号：E
作品名称：祭
作　　者：李汶静
指导教师：何建成
所在院校：广州美术学院

编　　号：F
作品名称：秋收
作　　者：侯文芝
指导教师：林江
所在院校：西南交通大学

编　　号：G
作品名称：羊头
作　　者：裴开宁
指导教师：张凌
所在院校：宁夏师范学院

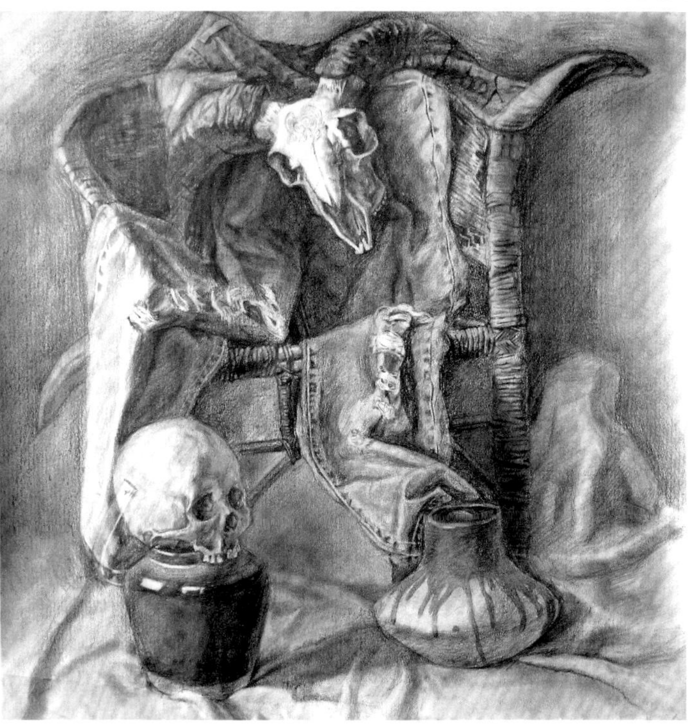

A	B
C	D
E	F

编　　号：A
作品名称：莲蓬
作　　者：侯文芝
指导教师：李雨
所在院校：西南交通大学

编　　号：B
作品名称：木头
作　　者：田春燕
指导教师：李建军
所在院校：滨州学院

编　　号：C
作品名称：素描
作　　者：胡瑞芳
指导教师：徐青魏
所在院校：青岛大学

编　　号：D
作品名称：老树
作　　者：徐天乔
指导教师：吕天品
所在院校：山东经济学院

编　　号：E
作品名称：后院
作　　者：何华武
指导教师：黄国琦
所在院校：广东工业大学

编　　号：F
作品名称：古巷
作　　者：柳炎
指导教师：梁雨
所在院校：长江大学

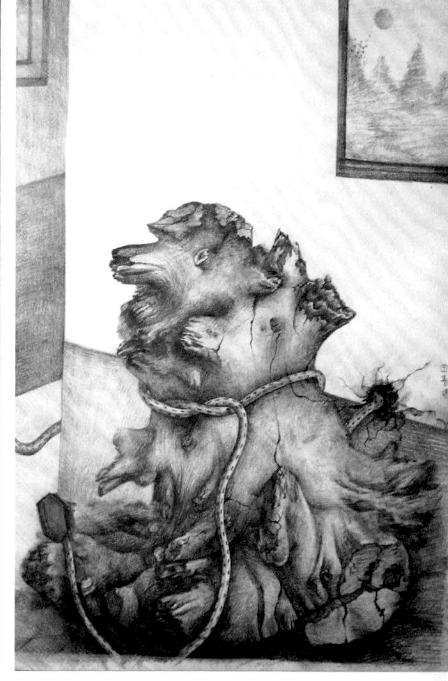

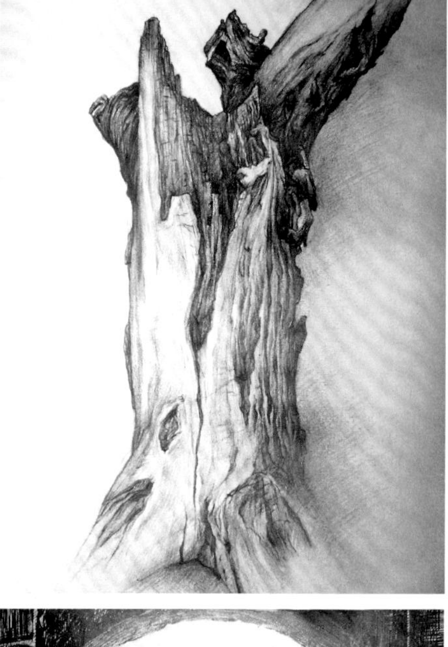

A	B
C	D
E	F
G	H

编　　号：A
作品名称：有报纸的静物
作　　者：陈涛
指导教师：邵连顺
所在院校：大连民族学院

编　　号：B
作品名称：生命
作　　者：林叶青
所在院校：重庆工商大学

编　　号：C
作品名称：一个下午
作　　者：王沅桢
指导教师：岳海波、党震
所在院校：山东艺术学院

编　　号：D
作品名称：沉滞的生命
作　　者：林叶青
指导教师：张焱
所在院校：重庆工商大学

编　　号：E
作品名称：静物
作　　者：田磊
指导教师：卢万学
所在院校：长江大学

编　　号：F
作品名称：树桩的寂寞
作　　者：刘安龙
指导教师：龚晓青
所在院校：咸阳师范学院

编　　号：G
作品名称：解构・视
作　　者：刁颖
指导教师：刘曙光
所在院校：西南大学

编　　号：H
作品名称：对望
作　　者：张尧
所在院校：上海中侨职业技术学院

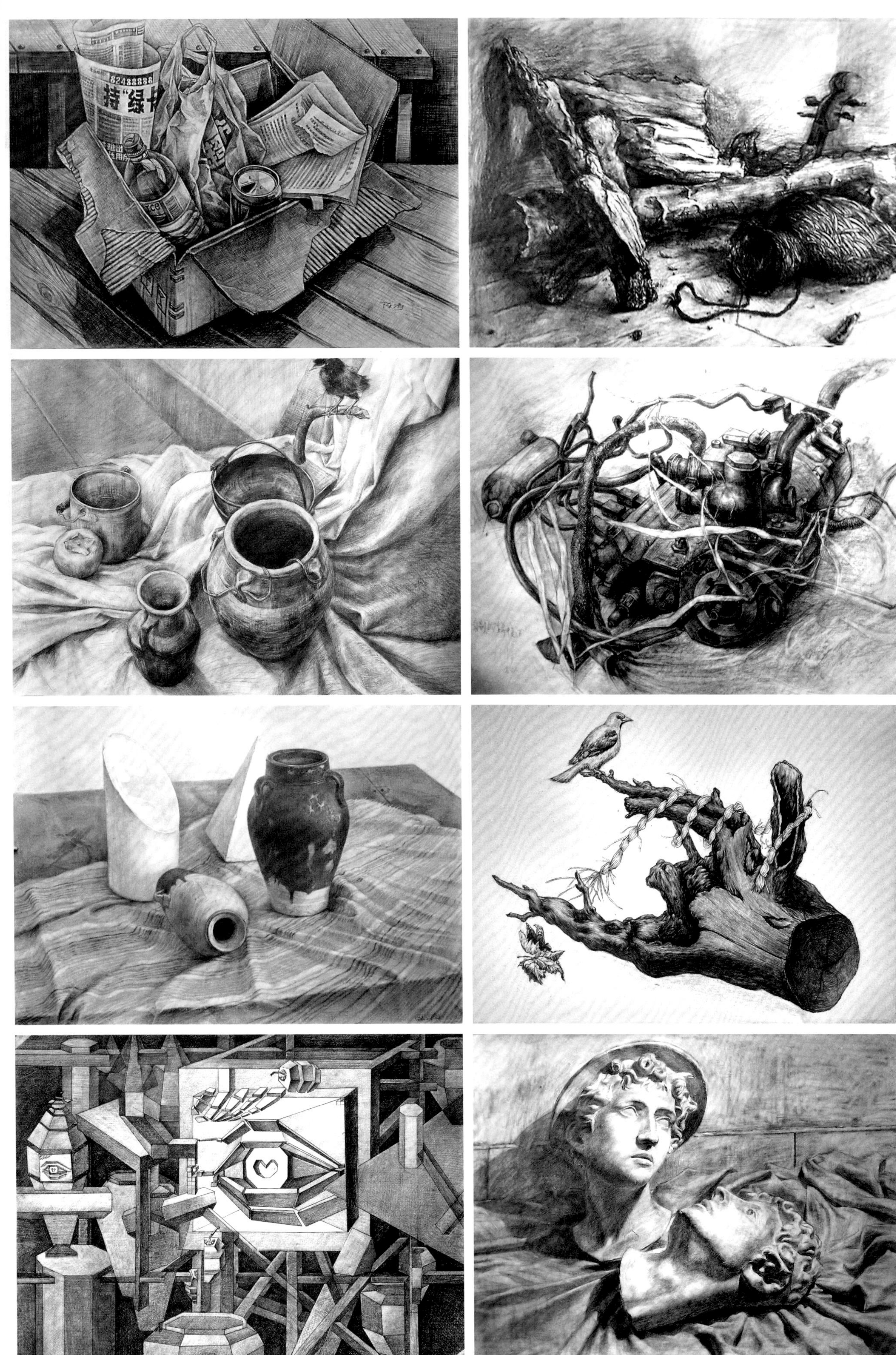

A	B
C	D
E	F

编　　号：A
作品名称：达利的时光
作　　者：朱丹君
指导教师：张新友
所在院校：四川美术学院

编　　号：B
作品名称：真相
作　　者：朱丹君
指导教师：张新友
所在院校：四川美术学院

编　　号：C
作品名称：沉
作　　者：郭勇
指导教师：何克峰
所在院校：湖北工业大学

编　　号：D
作品名称：燃烧的激情
作　　者：张鑫
指导教师：刘显波
所在院校：河北工业大学

编　　号：E
作品名称：静物组合
作　　者：陈涛
指导教师：邵连顺
所在院校：大连民族学院

编　　号：F
作品名称：根
作　　者：刘传志
指导教师：刘庆俊
所在院校：滨州学院

A	B
C	D
E	F
G	H

编　　号：A
作品名称：组合
作　　者：吴丹
指导教师：龚晓青
所在院校：咸阳师范学院

编　　号：B
作品名称：倒影
作　　者：汤健
指导教师：路文
所在院校：河南科技学院

编　　号：C
作品名称：西递建筑
作　　者：赵波
指导教师：许柏鸣
所在院校：南京林业大学

编　　号：D
作品名称：建筑手绘
作　　者：刘正洪
指导教师：宋小燕
所在院校：青岛大学

编　　号：E
作品名称：激情巴洛克
作　　者：赵波
指导教师：许柏鸣
所在院校：南京林业大学

编　　号：F
作品名称：风景画
作　　者：李莎莎
指导教师：董晓峰
所在院校：郑州轻工业学院

编　　号：G
作品名称：中式客厅
作　　者：赵波
指导教师：许柏鸣
所在院校：南京林业大学

编　　号：H
作品名称：素描景物
作　　者：李菲
指导教师：史峰
所在院校：鲁东大学

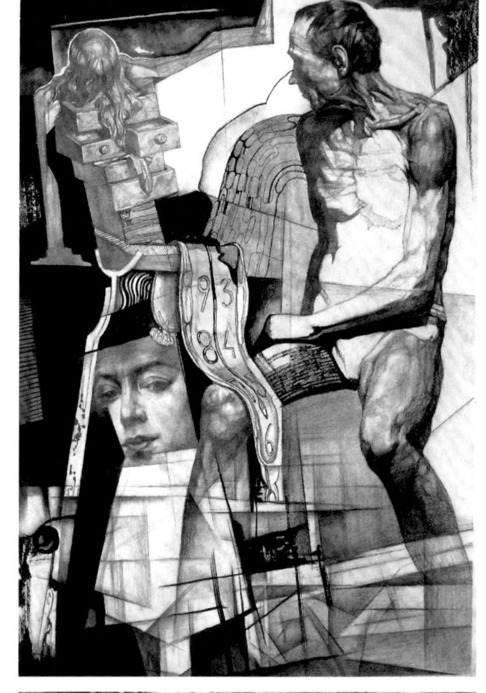

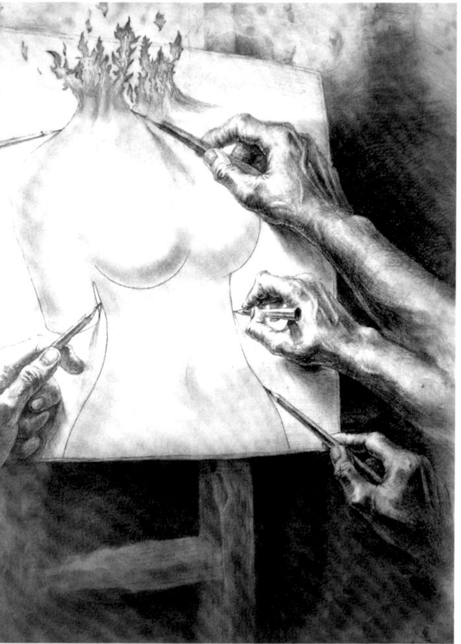

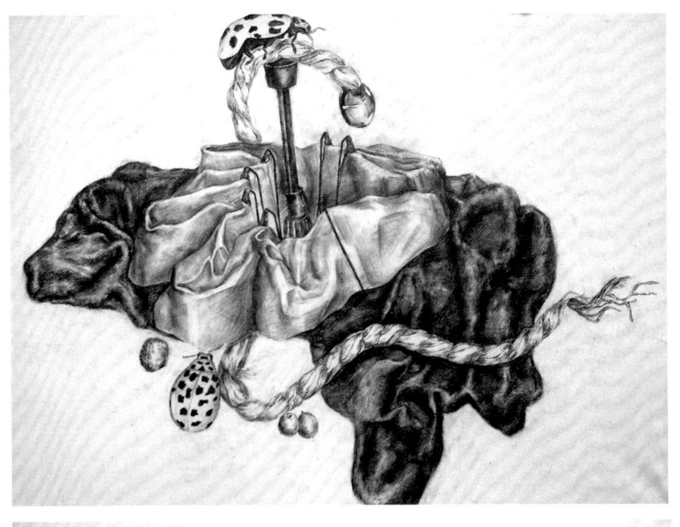

A	B
C	D
E	F

编　　号：A
作品名称：西餐厅
作　　者：张鹏
指导教师：单阳
所在院校：大连交通大学

编　　号：B
作品名称：静物二
作　　者：罗华军
指导教师：王海力
所在院校：西安美术学院

编　　号：C
作品名称：静的联想
作　　者：毛婷婷
指导教师：白冰
所在院校：中原工学院

编　　号：D
作品名称：清晨
作　　者：黄芳累
所在院校：汕头大学

编　　号：E
作品名称：素描
作　　者：肖凤新
指导教师：韩梅
所在院校：辽宁科技学院

编　　号：F
作品名称：古镇·光
作　　者：陈晓澜
指导教师：蒋梁
所在院校：中国美术学院

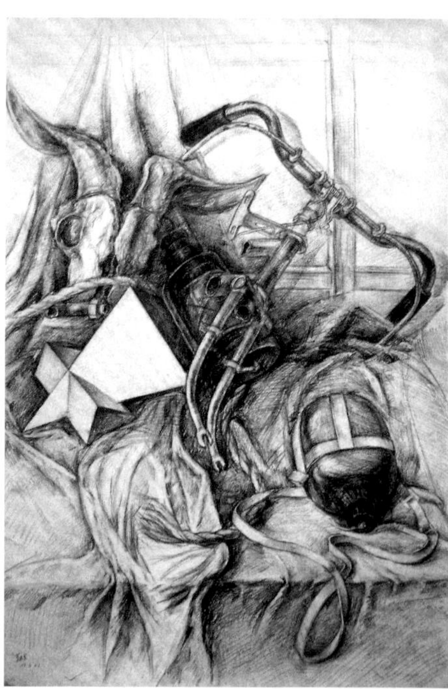

A	B
C	D
E	F
G	H

编　　号：A
作品名称：恒迹
作　　者：闫浦潇
指导教师：尚慧通
所在院校：天津工艺美术职业学院

编　　号：B
作品名称：觅食
作　　者：何华武
指导教师：黄国琦
所在院校：广东工业大学

编　　号：C
作品名称：树
作　　者：余洪
指导教师：徐青巍
所在院校：青岛大学

编　　号：D
作品名称：苹果
作　　者：贾方
指导教师：张燕根
所在院校：广西艺术学院

编　　号：E
作品名称：静物一
作　　者：罗华军
指导教师：唐永炳
所在院校：西安美术学院

编　　号：F
作品名称：景物写生
作　　者：张萍萍
指导教师：郑静、樊进
所在院校：南京艺术学院

编　　号：G
作品名称：突破
作　　者：陈小龙
所在院校：云南艺术学院

编　　号：H
作品名称：古镇·灶台
作　　者：陈晓澜
指导教师：蒋梁
所在院校：中国美术学院

LEAP AHEAD
smart

A	B
C	D
E	F

编　　号：A
作品名称：素描景物
作　　者：郭昱均
指导教师：刘崇伟
所在院校：大连外国语学院

编　　号：B
作品名称：马头
作　　者：李晖
指导教师：潘伟超
所在院校：中南民族大学

编　　号：C
作品名称：张伯伯的手提箱
作　　者：陈欣
指导教师：徐清巍
所在院校：青岛大学

编　　号：D
作品名称：静物
作　　者：李俊超
指导教师：赵彬
所在院校：连云港职业技术学院

编　　号：E
作品名称：墙角
作　　者：宁明杰
指导教师：谷渊
所在院校：山西大学

编　　号：F
作品名称：海底
作　　者：张晓薇
指导教师：徐青巍
所在院校：青岛大学

A	E
B	F
C	F
D	G

编　　号：A
作品名称：静物
作　　者：李佳
所在院校：鲁东大学

编　　号：B
作品名称：早上八点
作　　者：张更辉
指导教师：刘其敏
所在院校：广东工业大学

编　　号：C
作品名称：自行车
作　　者：刘征
指导教师：李国达
所在院校：赤峰学院

编　　号：D
作品名称：习作
作　　者：张晓薇
指导教师：徐青巍
所在院校：青岛大学

编　　号：E
作品名称：静物(3)
作　　者：黄凯
指导教师：程驰
所在院校：中国地质大学

编　　号：F
作品名称：创意素描
作　　者：王丽
指导教师：徐青魏
所在院校：青岛大学

编　　号：G
作品名称：旧皮靴
作　　者：杨林
所在院校：大连工业大学

A	B
C	D
E	F

编　　号：A
作品名称：素描静物
作　　者：刘晓东
指导教师：刘崇伟
所在院校：大连外国语学院

编　　号：B
作品名称：静物
作　　者：吴华建
指导教师：谭铿
所在院校：五邑大学

编　　号：C
作品名称：素描静物
作　　者：郑涵夫
指导教师：刘崇伟
所在院校：大连外国语学院

编　　号：D
作品名称：工具
作　　者：黄芳累
所在院校：汕头大学

编　　号：E
作品名称：景观(3)
作　　者：张海曼
指导教师：何裕恩
所在院校：广州工程技术职业学院

编　　号：F
作品名称：长廊
作　　者：邹超
指导教师：戴艾先
所在院校：浙江万里学院

编　　号：A、C、E
作品名称：丽水系列(1-3)
作　　者：米凯
指导教师：张敏杰
所在院校：中国美术学院

编　　号：B
作品名称：横路老房写生
作　　者：高佳伟
指导教师：夏克梁
所在院校：广东工业大学

编　　号：D
作品名称：乡村印象
作　　者：王靖飞
指导教师：周刚
所在院校：中国美术学院

编　　号：F
作品名称：客厅一角
作　　者：黄婵
所在院校：武汉理工大学

编　　号：G
作品名称：光源
作　　者：李莎莎
指导教师：董晓峰
所在院校：郑州轻工业学院

编　　号：H
作品名称：侗寨写生
作　　者：刘凯
指导教师：姜龙
所在院校：攀枝花学院

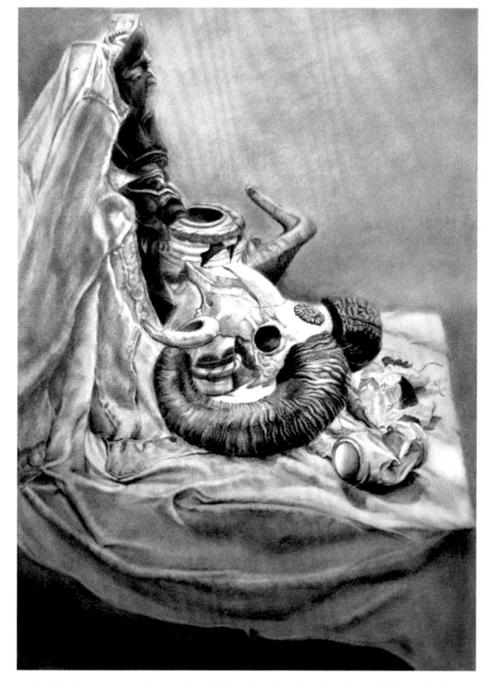

A	B
C	D
E	F

编　　号：A
作品名称：素描景物
作　　者：宋蔚
指导教师：刘崇伟
所在院校：大连外国语学院

编　　号：B
作品名称：红景花
作　　者：陈畅
指导教师：王正光
所在院校：深圳大学

编　　号：C
作品名称：素描静物
作　　者：润雪
指导教师：刘崇伟
所在院校：大连外国语学院

编　　号：D
作品名称：静物
作　　者：许茜茜
指导教师：张鸿翔
所在院校：四川师范大学

编　　号：E
作品名称：逝
作　　者：杨博
所在院校：西北大学

编　　号：F
作品名称：衬布上的算盘
作　　者：刘子寒
指导教师：徐青巍
所在院校：青岛大学

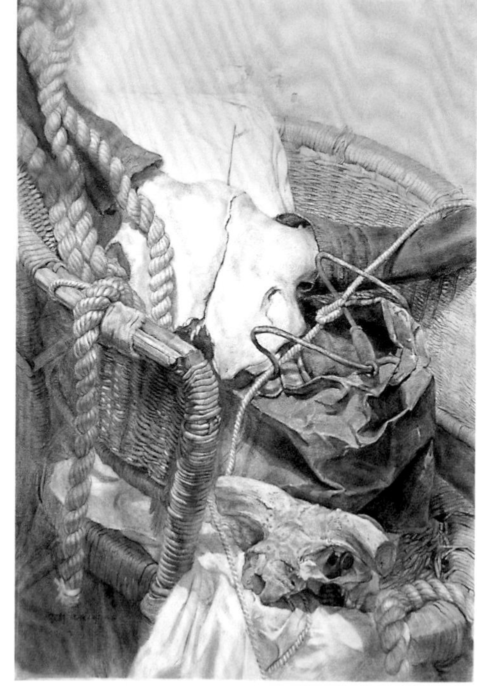

A	B	C
D		
E	F	
G	H	

编　　号：A
作品名称：时间痕迹
作　　者：李健思
指导教师：罗克中
所在院校：广西师范大学

编　　号：B
作品名称：小巷
作　　者：刘家旺
指导教师：陈锋
所在院校：云南大学

编　　号：C
作品名称：武夷山写生(2)
作　　者：何啸宇
指导教师：王晓宏
所在院校：北京电影学院

编　　号：D
作品名称：小桑村
作　　者：李汶静
指导教师：何建成
所在院校：广州美术学院

编　　号：E
作品名称：街角
作　　者：张鹏
指导教师：单阳
所在院校：大连交通大学

编　　号：F
作品名称：布达拉宫
作　　者：徐海波
所在院校：宿州学院

编　　号：G
作品名称：大理天主教堂
作　　者：龚媛
所在院校：云南大学

编　　号：H
作品名称：宿州学院
作　　者：徐海波
所在院校：宿州学院

Catholicism
of
Dali

A	B
C	D
E	F

编　　号：A
作品名称：朽木
作　　者：房磊
指导教师：黄益山
所在院校：莆田学院

编　　号：B
作品名称：镇远报京侗寨民居
作　　者：刘凯
指导教师：姜龙
所在院校：攀枝花学院

编　　号：C
作品名称：篁村小巷
作　　者：郑光赛
指导教师：季海祺、丁因
所在院校：浙江育英职业技术学院

编　　号：D
作品名称：洋湖沟写生(3)
作　　者：李交龙
指导教师：韩梅
所在院校：辽宁科技学院

编　　号：E
作品名称：婺源老房
作　　者：章家津
指导教师：季海祺、丁因
所在院校：浙江育英职业技术学院

编　　号：F
作品名称：创意广告
作　　者：梁爽
指导教师：龚晓青
所在院校：咸阳师范学院

A	B
C	D
E	F
G	H

编　　号：A
作品名称：凤凰古镇
作　　者：黄少托
指导教师：王俊民
所在院校：惠州学院

编　　号：B
作品名称：木板房
作　　者：樊兴
指导教师：汤正庚
所在院校：景德镇陶瓷学院

编　　号：C
作品名称：凤凰江边小景
作　　者：黄少托
指导教师：王俊民
所在院校：惠州学院

编　　号：D
作品名称：乡村速写
作　　者：蔡燕儿
指导教师：黄兵
所在院校：广东外语艺术职业学院

编　　号：E
作品名称：篱笆和房子
作　　者：章家津
指导教师：季海祺、丁因
所在院校：浙江育英职业技术学院

编　　号：F
作品名称：岸边一景
作　　者：陈吉
指导教师：季海祺、丁因
所在院校：浙江育英职业技术学院

编　　号：G
作品名称：安徽宏村(南湖书院)
作　　者：王聪
指导教师：杜靓
所在院校：孝感学院

编　　号：H
作品名称：小角落
作　　者：蔡燕儿
指导教师：黄兵
所在院校：广东外语艺术职业学院

A	B
C	D
E	F

编　　号：A
作品名称：茅房(2)
作　　者：樊兴
指导教师：汤正庚
所在院校：景德镇陶瓷学院

编　　号：B
作品名称：侗寨速写
作　　者：罗均芳
指导教师：姜龙
所在院校：攀枝花学院

编　　号：C
作品名称：树与家
作　　者：黄婵
所在院校：武汉理工大学

编　　号：D
作品名称：曲径通幽处
作　　者：张娜
指导教师：罗江玫、曾莉
所在院校：重庆工商大学

编　　号：E
作品名称：峨眉山写生
作　　者：黄碧棋
指导教师：董磊
所在院校：西南交通大学

编　　号：F
作品名称：乡间小园
作　　者：张娜
指导教师：罗江玫、曾莉
所在院校：重庆工商大学

A	B
C	D
E	F
G	H

编　　号：A
作品名称：西江风光
作　　者：罗佳
指导教师：余海棠
所在院校：湖北师范学院

编　　号：B
作品名称：徽派建筑一角
作　　者：袁锋
指导教师：曾莉
所在院校：重庆工商大学

编　　号：C
作品名称：安徽宏村(1)
作　　者：干领
指导教师：徐家珏
所在院校：广西师范大学

编　　号：D
作品名称：小镇速写
作　　者：龚媛
所在院校：云南大学

编　　号：E
作品名称：紫阳老街区
作　　者：王洋
指导教师：卢军
所在院校：西北农林科技大学

编　　号：F
作品名称：农舍一角
作　　者：庄振清
所在院校：韩山师范学院

编　　号：G
作品名称：卡其的房子
作　　者：张力
所在院校：西安外国语大学

编　　号：H
作品名称：气韵
作　　者：刘舟方平
指导教师：吴红梅
所在院校：华中师范大学

A	B
C	D
E	F

编　　号：A
作品名称：宏村聚顺庭
作　　者：赵玉娇
指导教师：严胜学
所在院校：华中师范大学

编　　号：B
作品名称：卢村木雕楼
作　　者：赵玉娇
指导教师：严胜学
所在院校：华中师范大学

编　　号：C
作品名称：船(1)
作　　者：李金玲
指导教师：谭志锋
所在院校：广西民族大学

编　　号：D
作品名称：宿舍一角(1)
作　　者：李金玲
指导教师：谭志锋
所在院校：广西民族大学

编　　号：E
作品名称：青岛印象(1)
作　　者：魏毅毅
所在院校：山东工艺美术学院

编　　号：F
作品名称：青岛印象(3)
作　　者：魏毅毅
所在院校：山东工艺美术学院

A	B	C
D	E	F
G	H	I

编　　号：A
作品名称：乡间(1)
作　　者：贾纯倩
所在院校：四川艺术职业学院

编　　号：B
作品名称：苗寨之行
作　　者：罗佳
指导教师：余海棠
所在院校：湖北师范学院

编　　号：C
作品名称：吊脚楼
作　　者：罗佳
指导教师：余海棠
所在院校：湖北师范学院

编　　号：D
作品名称：皖南人家
作　　者：周美
所在院校：武汉理工大学

编　　号：E
作品名称：乡村一角
作　　者：陈吉
指导教师：季海祺、丁因
所在院校：浙江育英职业技术学院

编　　号：F
作品名称：满目植物(2)
作　　者：刘潇
指导教师：赵周明
所在院校：西安文理学院

编　　号：G
作品名称：印象宏村
作　　者：张力
所在院校：西安外国语大学

编　　号：H
作品名称：周庄风景
作　　者：侯欣芃
指导教师：李学明
所在院校：山东工艺美术学院

编　　号：I
作品名称：春意
作　　者：刘舟方平
指导教师：吴红梅
所在院校：华中师范大学

2008.9.17
2008.9.16
印像宏村
06.6.10日
ZHLQ

A	B
C	D
E	F

编　　号：A
作品名称：满目植物(1)
作　　者：刘潇
指导教师：赵周明
所在院校：西安文理学院

编　　号：B
作品名称：江西采风速写
作　　者：樊亮
指导教师：童坤
所在院校：黄冈师范学院

编　　号：C
作品名称：木瓜树
作　　者：冼业攀
所在院校：汕头大学

编　　号：D
作品名称：宏村局部快描
作　　者：王聪
指导教师：杜靓
所在院校：孝感学院

编　　号：E
作品名称：速写
作　　者：钟行成
指导教师：朱嘉凡
所在院校：吉林农业大学

编　　号：F
作品名称：建筑速写
作　　者：刘正洪
指导教师：宋小燕
所在院校：青岛大学

A	B	C
D	E	F
G	H	I

编　　号：A
作品名称：步步高升巷
作　　者：黄凯
指导教师：程驰
所在院校：中国地质大学

编　　号：B
作品名称：岁月之门
作　　者：黄凯
指导教师：程驰
所在院校：中国地质大学

编　　号：C
作品名称：沱川木屋
作　　者：杨春华
指导教师：季海祺、丁因
所在院校：浙江育英职业技术学院

编　　号：D
作品名称：安徽宏村(4)
作　　者：干领
指导教师：徐家珏
所在院校：广西师范大学

编　　号：E
作品名称：乡间(2)
作　　者：贾纯倩
所在院校：四川艺术职业学院

编　　号：F
作品名称：米脂风景
作　　者：侯欣芃
指导教师：李学明
所在院校：山东工艺美术学院

编　　号：G
作品名称：行为空间
作　　者：陈有原
指导教师：周聪
所在院校：广东工业大学

编　　号：H
作品名称：西递小巷
作　　者：赵玉娇
指导教师：魏勇
所在院校：华中师范大学

编　　号：I
作品名称：庐山写生
作　　者：周瑶
所在院校：信阳师范学院

A	B
C	D
E	F

编　　号：A、B、C
作品名称：头像(1–3)
作　　者：梅顺
所在院校：四川音乐学院

编　　号：D
作品名称：速写头像
作　　者：李虎
所在院校：北京服装学院

编　　号：E
作品名称：老年肖像
作　　者：杜胜亚
指导教师：高献敏
所在院校：广西师范大学

编　　号：F
作品名称：师说
作　　者：杜胜亚
指导教师：高献敏
所在院校：广西师范大学

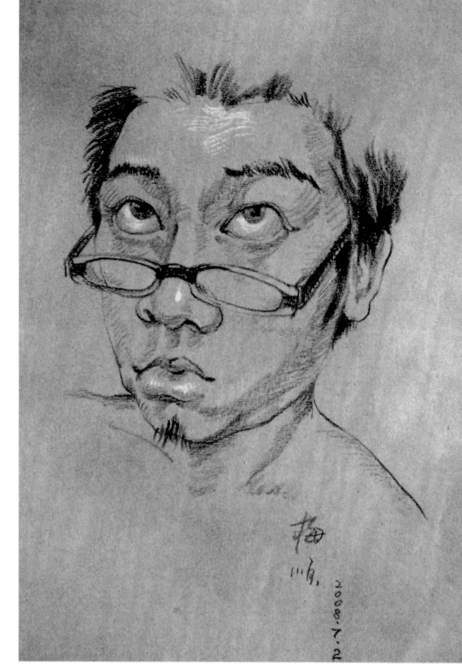

编　　号：A
作品名称：建筑速写(1)
作　　者：黄凯
指导教师：李文华
所在院校：山东工艺美术学院

编　　号：B、D、F
作品名称：别墅系列(1–3)
作　　者：陈小龙
所在院校：云南艺术学院

编　　号：C
作品名称：建筑速写(5)
作　　者：黄凯
指导教师：李文华
所在院校：山东工艺美术学院

编　　号：E
作品名称：宏村小巷
作　　者：许树贤
指导教师：黄国琦
所在院校：广东工业大学

编　　号：G
作品名称：和谐社区
作　　者：陈有原
指导教师：周聪
所在院校：广东工业大学

编　　号：H
作品名称：婺源一墙
作　　者：杨春华
指导教师：季海祺、丁因
所在院校：浙江育英职业技术学院

IKEA

A	B
C	D
E	F

编　　号：A
作品名称：人物速写(坐姿)
作　　者：王金坪
所在院校：四川音乐学院

编　　号：B
作品名称：青年男子半身像
作　　者：李晴
指导教师：陈义
所在院校：湖北经济学院

编　　号：C
作品名称：人物速写(3/4侧面)
作　　者：王金坪
所在院校：四川音乐学院

编　　号：D
作品名称：老年人速写
作　　者：翟清运
指导教师：李新峰
所在院校：山东艺术学院

编　　号：E
作品名称：人物速写(背面)
作　　者：王金坪
所在院校：四川音乐学院

编　　号：F
作品名称：我的弗洛伊德
作　　者：陈仁智
所在院校：渭南师范学院

A	B
C	D
E	F
G	H

编　　号：A、C
作品名称：凤凰印象(1-2)
作　　者：陈有俊
指导教师：胡宇
所在院校：广州美术美院

编　　号：B
作品名称：生活
作　　者：罗裕林
指导教师：张洪亮
所在院校：广东工业大学

编　　号：D
作品名称：父爱
作　　者：罗裕林
指导教师：张洪亮
所在院校：广东工业大学

编　　号：E
作品名称：香纸沟写生
作　　者：何华武
指导教师：黄国琦
所在院校：广东工业大学

编　　号：F
作品名称：周庄风景
作　　者：王振海
指导教师：李学明
所在院校：山东工艺美术学院

编　　号：G
作品名称：莲花湖
作　　者：王洋
指导教师：卢军
所在院校：西北农林科技大学

编　　号：H
作品名称：大学手绘
作　　者：闫文华
指导教师：王琼、周潮
所在院校：苏州工艺美术职业技术学院

A	B
C	D
E	F

编　　号：A
作品名称：女人体
作　　者：黄伟鸿
指导教师：黄勇
所在院校：广州美术学院

编　　号：B
作品名称：布依族妇女(1)
作　　者：陈一浪
指导教师：刘合云
所在院校：广东工业大学

编　　号：C
作品名称：人体速写
作　　者：索雪雨
所在院校：赤峰学院

编　　号：D
作品名称：布依族妇女(2)
作　　者：陈一浪
指导教师：刘合云
所在院校：广东工业大学

编　　号：E
作品名称：Life is cool
作　　者：侯虹旭
指导教师：安祥祥
所在院校：山东大学

编　　号：F
作品名称：速写
作　　者：郭瑾
所在院校：琼州学院

A	B	C
D	E	F
G	H	I

编　　号：A
作品名称：亲情
作　　者：罗裕林
指导教师：张洪亮
所在院校：广东工业大学

编　　号：B
作品名称：陕北小娃
作　　者：王沅桢
指导教师：岳海波、党震
所在院校：山东艺术学院

编　　号：C
作品名称：才子冯金小像
作　　者：邓鸿涛
指导教师：许勇、吕子扬
所在院校：沈阳师范大学

编　　号：D
作品名称：生活系列(1)
作　　者：田磊
指导教师：杨涛
所在院校：长江大学

编　　号：E
作品名称：生活系列(2)
作　　者：田磊
指导教师：杨涛
所在院校：长江大学

编　　号：F
作品名称：动态速写
作　　者：施井招
指导教师：施井塑
所在院校：福建工程学院

编　　号：G
作品名称：母与子
作　　者：林惠平
所在院校：福建师范大学

编　　号：H
作品名称：聊天
作　　者：高素
指导教师：苏志学
所在院校：辽宁工业大学

编　　号：I
作品名称：胖妈
作　　者：邵华
指导教师：崔俊
所在院校：延边大学

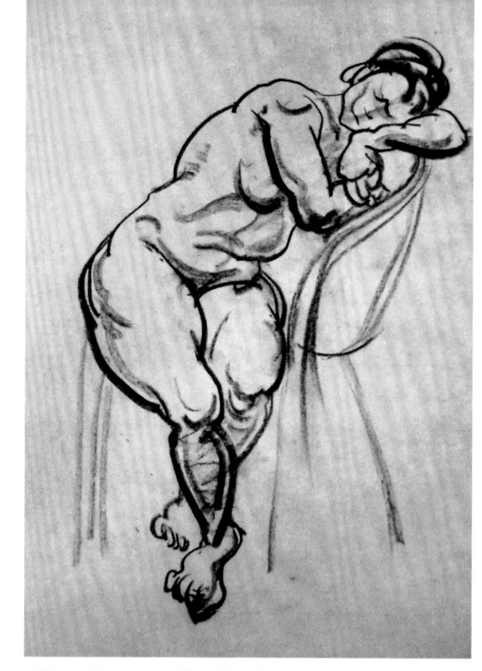

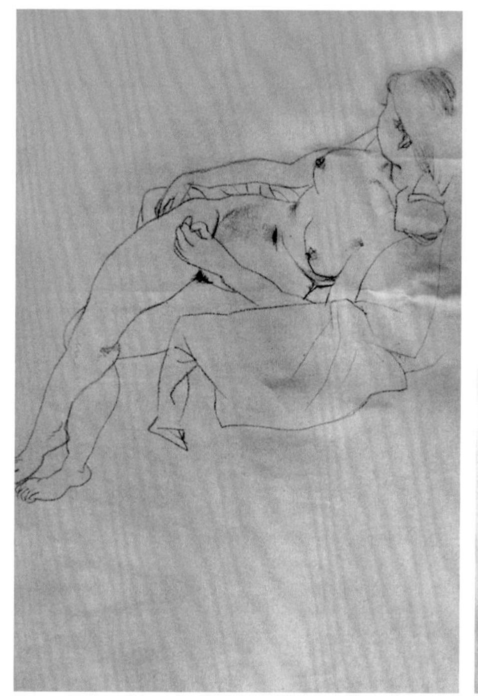

A	D
	E
B	F
C	G

编　　号：A
作品名称：东方维纳斯
作　　者：沈强
指导教师：杨熹发
所在院校：南开大学

编　　号：B
作品名称：人体(1)
作　　者：刘盼
指导教师：杨淑馨
所在院校：郑州轻工业学院

编　　号：C
作品名称：人体(4)
作　　者：刘盼
指导教师：杨淑馨
所在院校：郑州轻工业学院

编　　号：D
作品名称：朗德苗家日子
作　　者：黄隽娴
指导教师：雷燕
所在院校：西南大学

编　　号：E
作品名称：人物速写
作　　者：邹洪仁
指导教师：谭铿
所在院校：五邑大学

编　　号：F
作品名称：交流
作　　者：沈强
指导教师：杨熹发
所在院校：南开大学

编　　号：G
作品名称：雅安上里建筑写生(1)
作　　者：汤映月
指导教师：王华清
所在院校：乐山师范学院

A	B
C	D
E	F
G	H

编　　号：A
作品名称：梦游鼓浪屿(1)
作　　者：王田生
所在院校：福州大学

编　　号：B
作品名称：庐山别墅
作　　者：施井招
指导教师：施井塑
所在院校：福建工程学院

编　　号：C
作品名称：梦游鼓浪屿(2)
作　　者：王田生
所在院校：福州大学

编　　号：D
作品名称：农家巷口
作　　者：李明洁
指导教师：卢军
所在院校：西北农林科技大学

编　　号：E
作品名称：梦游鼓浪屿(5)
作　　者：王田生
所在院校：福州大学

编　　号：F
作品名称：莲花湖农舍
作　　者：李明洁
指导教师：卢军
所在院校：西北农林科技大学

编　　号：G
作品名称：家乡小桥
作　　者：朱杰亮
指导教师：李群
所在院校：西北农林科技大学

编　　号：H
作品名称：潮汕民居
作　　者：冼业攀
所在院校：汕头大学

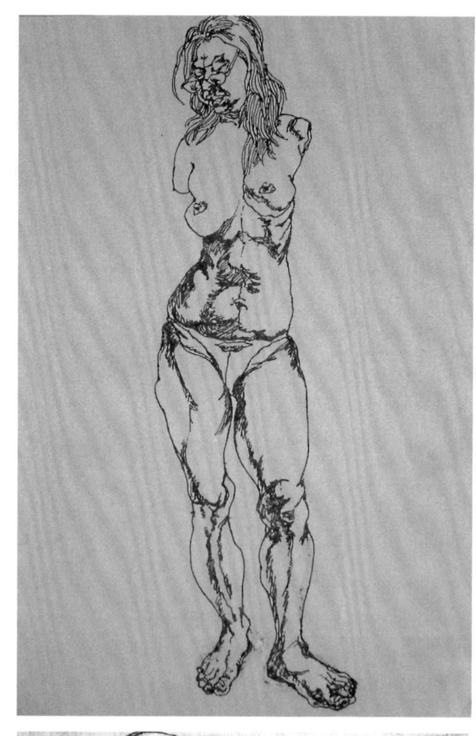

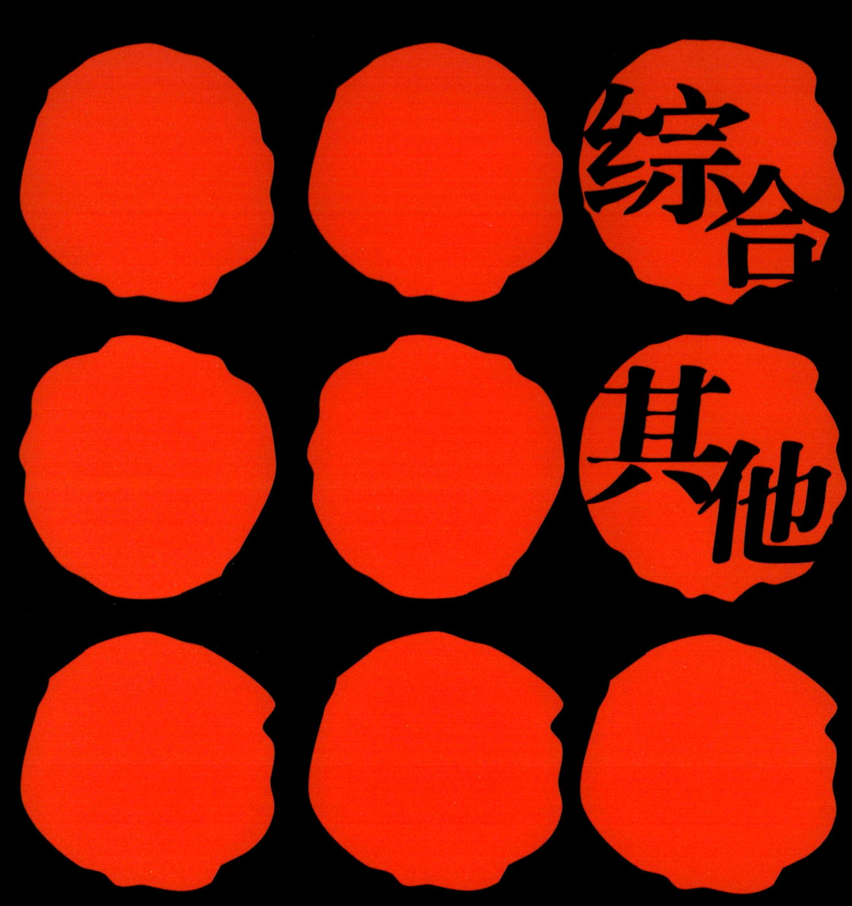
综合
其他

A	B
C	D

E

编　　号：A
作品名称：梵语
作　　者：印茜文
指导教师：庄小蔚
所在院校：上海大学

编　　号：B
作品名称：乾达婆
作　　者：印茜文
指导教师：庄小蔚
所在院校：上海大学

编　　号：C
作品名称：戏梦
作　　者：傅帅
指导教师：庄小蔚
所在院校：上海大学

编　　号：D
作品名称：繁衍
作　　者：丁顺江
指导教师：吴欧红
所在院校：苏州工艺美术职业技术学院

编　　号：E
作品名称：何·合(1)
作　　者：傅帅
指导教师：庄小蔚
所在院校：上海大学

A	B
C	D
E	F
G	H

编　　号：A
作品名称：雪原
作　　者：陈禄禅
指导教师：张松溪
所在院校：广东文艺职业学院

编　　号：B
作品名称：流光逸彩
作　　者：丁芳
指导教师：张松溪
所在院校：广东文艺职业学院

编　　号：C
作品名称：慧
作　　者：马燕华
指导教师：杨向东
所在院校：广东文艺职业学院

编　　号：D
作品名称：梦回
作　　者：麦春海
指导教师：陈宇
所在院校：山东工艺美术学院

编　　号：E
作品名称：花篮
作　　者：査彤
指导教师：马莉
所在院校：武汉信息传播职业技术学院

编　　号：F
作品名称：蔓想
作　　者：陈煜蕊
指导教师：缪根生
所在院校：西南交通大学

编　　号：G
作品名称：古恒记忆
作　　者：蔡美巧
指导教师：杨向东
所在院校：广东文艺职业学院

编　　号：H
作品名称：马年遐想
作　　者：马燕华
指导教师：杨向东
所在院校：广东文艺职业学院

A	B
C	D
E	F
G	H

编　　号：A
作品名称：悠
作　　者：林雯栩
指导教师：张松溪
所在院校：广东文艺职业学院

编　　号：B
作品名称：宁·静
作　　者：霍月娥
指导教师：张松溪
所在院校：广东文艺职业学院

编　　号：C
作品名称：生机
作　　者：陈志敏
指导教师：张松溪
所在院校：广东文艺职业学院

编　　号：D
作品名称：兄弟连
作　　者：钟森青
指导教师：杨向东
所在院校：广东文艺职业学院

编　　号：E
作品名称：傲
作　　者：徐燕菲
指导教师：张松溪
所在院校：广东文艺职业学院

编　　号：F
作品名称：彩虹桥
作　　者：罗碧崧
指导教师：张松溪
所在院校：广东文艺职业学院

编　　号：G
作品名称：星空
作　　者：史维泽
指导教师：刘新纲
所在院校：山东大学

编　　号：H
作品名称：飘渺
作　　者：史维泽
指导教师：刘新纲
所在院校：山东大学

A	B
C	D
E	F

编　　号：A
作品名称：泉
作　　者：王晓婷
指导教师：曾舒凡
所在院校：厦门大学

编　　号：B
作品名称：FASHION1
作　　者：游济玮
指导教师：曾舒凡
所在院校：厦门大学

编　　号：C
作品名称：逝梦
作　　者：王占军
指导教师：吕剑
所在院校：西安工程大学

编　　号：D
作品名称：春逝恋人
作　　者：王占军
指导教师：吕剑
所在院校：西安工程大学

编　　号：E
作品名称：星球
作　　者：史维泽
指导教师：司维东
所在院校：山东大学

编　　号：F
作品名称：绿荫之源
作　　者：丁芳
指导教师：杨向东
所在院校：广东文艺职业学院

A	B	C	D
E			
F		G	
H		I	

编　　号：A、B、C、D
作品名称：木面之艺(1-4)
作　　者：王玉珏
指导教师：黄宗湖
所在院校：广西艺术学院

编　　号：E
作品名称：蜕变
作　　者：李崇源
指导教师：李青
所在院校：西安美术学院

编　　号：F
作品名称：牡丹图
作　　者：蒋佳容
所在院校：四川大学

编　　号：G
作品名称：富贵花
作　　者：张明娟
指导教师：袁振媛
所在院校：山东艺术学院

编　　号：H
作品名称：六十华诞 天佑中华
作　　者：姚逸睿
指导教师：郑阳
所在院校：北京科技大学

编　　号：I
作品名称：生肖乐园
作　　者：蒋佳容
所在院校：四川大学

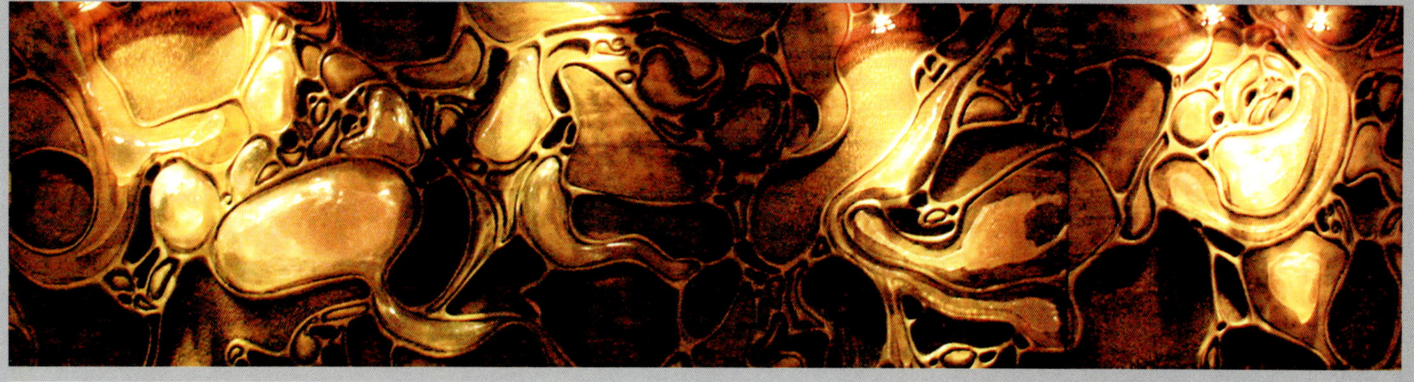

六十华诞
97
2010
Beijing 2008
天佑中华
中国航天
1978
2008

A	B
C	D
E	F

编　　号：A
作品名称：饮食男女
作　　者：麦春海
指导教师：陈宇
所在院校：山东工艺美术学院

编　　号：B
作品名称：沉寂的乐章
作　　者：孙宁宁
指导教师：刘军晔
所在院校：大连外国语学院

编　　号：C
作品名称：困
作　　者：袁野、辛妮
指导教师：刘军晔
所在院校：大连外国语学院

编　　号：D
作品名称：苍苍
作　　者：徐志成
指导教师：王来京
所在院校：石家庄东方美术职业学院

编　　号：E
作品名称：苏醒
作　　者：沈翠婷
指导教师：张元明
所在院校：吉林大学

编　　号：F
作品名称：怒放
作　　者：陈紫欣
指导教师：张元明
所在院校：吉林大学

A	B	
C	D	
E	F	
G	H	I

编　　号：A
作品名称：生命·孕育
作　　者：钟翠、李佳佳、李文俊
指导教师：苏荷芬
所在院校：武汉科技大学

编　　号：B
作品名称：游戏二次方
作　　者：白晶
指导教师：刘军晔
所在院校：大连外国语学院

编　　号：C
作品名称：生·身
作　　者：刘蓉榕
指导教师：黄丹、郝建英
所在院校：湖南工业大学

编　　号：D
作品名称：葡萄
作　　者：徐天乔
指导教师：吴春华
所在院校：山东经济学院

编　　号：E
作品名称：云南风景一角(1)
作　　者：梁志远
指导教师：王文明
所在院校：广州美术学院

编　　号：F
作品名称：我不笑世界会哭
作　　者：肖月娟
指导教师：罗东明
所在院校：广东技术师范学院

编　　号：G
作品名称：绽放
作　　者：李丹
指导教师：马莉
所在院校：武汉信息传播职业技术学院

编　　号：H
作品名称：期待·努力绽放
作　　者：张威
指导教师：马莉
所在院校：武汉信息传播职业技术学院

编　　号：I
作品名称：漫步者
作　　者：梁天
指导教师：李梦红
所在院校：广西艺术学院

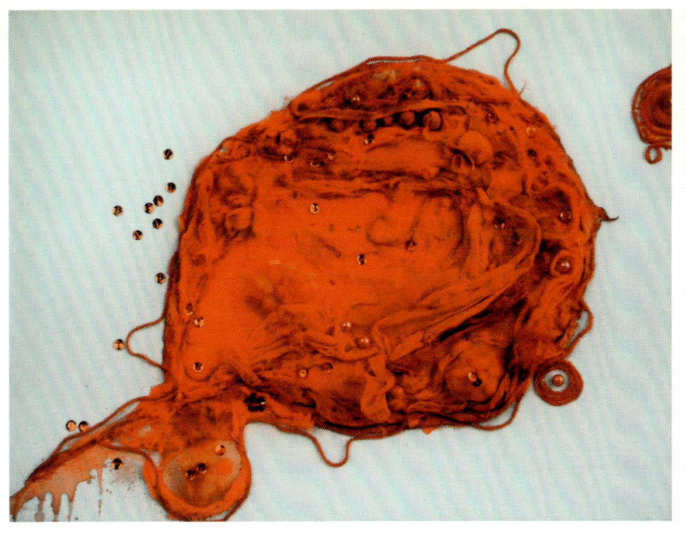

A	B
C	D
E	F

编　　号：A
作品名称：水舞山歌
作　　者：梁天
指导教师：罗鸿
所在院校：广西艺术学院

编　　号：B
作品名称：昨日遗韵
作　　者：郭雄飞
指导教师：吴文生
所在院校：山西大学

编　　号：C
作品名称：吊
作　　者：贾林
指导教师：夏木木
所在院校：四川美术学院

编　　号：D
作品名称：小·景
作　　者：贾林
指导教师：夏木木
所在院校：四川美术学院

编　　号：E
作品名称：岩彩“荷”
作　　者：宋丽君
指导教师：李善杰
所在院校：山东大学

编　　号：F
作品名称：云南风景一角(2)
作　　者：梁志远
指导教师：王文明
所在院校：广州美术学院

A	C	D
	E	F
B	G	H

编　　号：A
作品名称：胜利的拥抱与欢呼
作　　者：徐志成
指导教师：王来京
所在院校：石家庄东方美术职业学院

编　　号：B
作品名称：困
作　　者：杨艳茹
指导教师：张奇开
所在院校：四川美术学院

编　　号：C
作品名称：冥夜
作　　者：李嘉
指导教师：冯卓茹、张松溪
所在院校：广东文艺职业学院

编　　号：D
作品名称：夏
作　　者：蔡雪娴
指导教师：张松溪
所在院校：广东文艺职业学院

编　　号：E
作品名称：花影
作　　者：文娇
指导教师：张松溪
所在院校：广东文艺职业学院

编　　号：F
作品名称：灵感符号
作　　者：安琪
指导教师：刘颖悟
所在院校：广东技术师范学院

编　　号：G
作品名称：晾
作　　者：蔡美巧
指导教师：杨向东
所在院校：广东文艺职业学院

编　　号：H
作品名称：一家
作　　者：马营
指导教师：邱秉常
所在院校：青岛大学

A	B
C	D
E	F

编　　号：A
作品名称：山花灿烂之六
作　　者：黎雪青
指导教师：陈国辉
所在院校：广东农工商职业技术学院

编　　号：B
作品名称：山花灿烂之五
作　　者：黎雪青
指导教师：陈国辉
所在院校：广东农工商职业技术学院

编　　号：C、D
作品名称：青春释放(1–2)
作　　者：朱佩珊
指导教师：张元明
所在院校：吉林大学

编　　号：E、F
作品名称：我的生活状态(1–2)
作　　者：李雪
指导教师：邱一峰
所在院校：哈尔滨理工大学

A	B
C	D
E	F

编　　号：A
作品名称：蓝色的思考
作　　者：隽飞
指导教师：钱宇
所在院校：常熟理工学院

编　　号：B
作品名称：塔克拉玛干胡杨林
作　　者：冯子健
所在院校：宿州学院

编　　号：C
作品名称：郁闷三人行
作　　者：肖月娟
指导教师：余潮松
所在院校：广东技术师范学院

编　　号：D
作品名称：北京大金丝胡同
作　　者：冯子健
所在院校：宿州学院

编　　号：E
作品名称：钢铁信念
作　　者：胡璐
指导教师：仇慧琴
所在院校：巢湖学院

编　　号：F
作品名称：流NO.2
作　　者：杨艳茹
指导教师：郑力
所在院校：四川美术学院

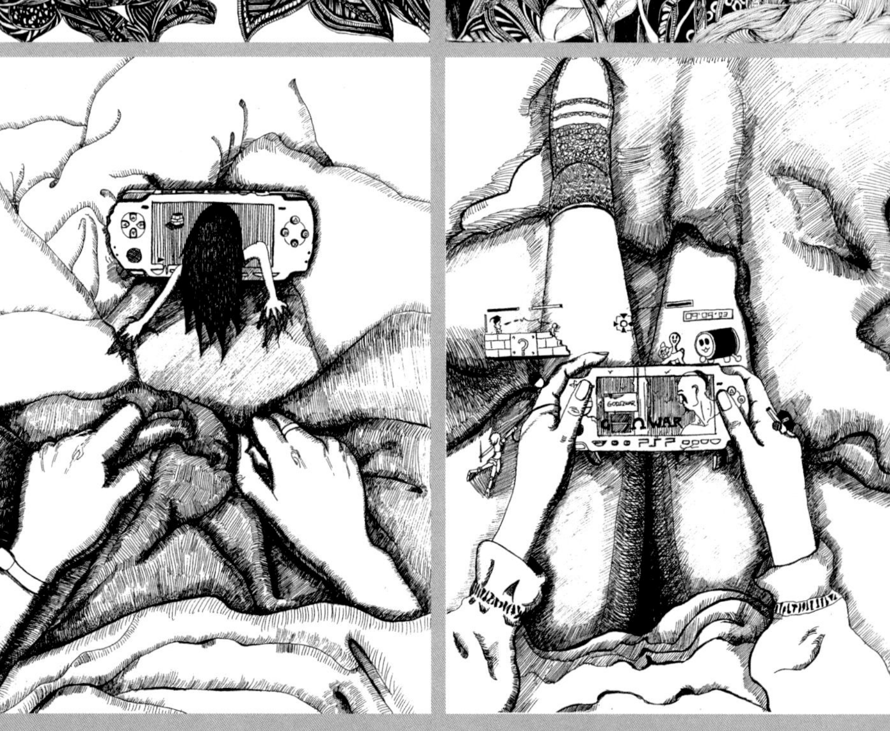

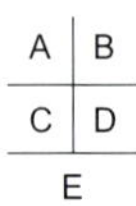

编　　号：A
作品名称：欣欣向荣
作　　者：李璇
指导教师：王宁
所在院校：太原理工大学

编　　号：B
作品名称：丰收
作　　者：李璇
指导教师：王宁
所在院校：太原理工大学

编　　号：C、D
作品名称：塔(1-2)
作　　者：李杨杨
所在院校：东北大学

编　　号：E
作品名称：和·合
作　　者：李悦
所在院校：北京理工大学

第四届《中国大学生美术作品年鉴》征稿日期

2009年10月——2010年5月

年鉴网站：http://www.cnartdoor.com

投稿邮箱：bwh_2008@188.com

创意企业同盟 www.visionunion.net
意企业同盟 www.visionunion.net
意企业同盟 www.visionunion.net
中国创意设计人才网 HR.vudn.com
中国创意设计人才网 HR.vudn.co
中国创意设计人才网 HR.vudn.
视觉同盟
www.visionunion.com
中国文化创意产业先锋媒体

好消息

来自伴随我们成长的国内设计门户

www.333cn.com

数字设计作品备案中心开通

· 作品在提交给客户之前备案，既保护创意方案，又保障交易安全。

· 避免与员工发生版权纠纷，同时也可避免因员工离职带走作品而产生的无形资产损失。

· 作品管理是现代设计管理的核心，通过作品备案建立公司作品档案和数据库，便于查询和管理。

· 自由设计师维权能力有限，作品创作完成第一时间备案是最方便有效的方法。

数字设计作品备案中心
www.szdc.org

咨询电话：0755-83663023　83663226
Email:szdcorg@163.com　newfjm@163.com

中国设计之窗最新推出

www.333cn.com

创意通 给创意插上翅膀

强大的图形互动功能，通过电子白板与客户远距离交流，

具有面对面一样的效果。

节约设计成本，提高经济效益。

立刻访问网站：http://www.u5.cn/
免费下载创意通！

■ E画廊作为国内专业艺术家网络推广平台及艺术品代理销售机构，现向广大艺术家、收藏家、画廊机构征集代理销售书画作品。

■ 投稿方式访问网站 **Http://join.ehualang.com** ■ 全国统一服务电话 **400-600-5186**

CCI职业插画师资格认证中心

中画数位艺术培训中心

主办机构：插画中国 www.chahua.org

插画中国职业插画培训招生

CCI职业插画师资格认证中心

插画中国培训优势：

多年坚持插画这一艺术门类的培训，具有丰富的教学经验和插画市场经验
稳定的教师资源 有一批稳定的，活跃在插画圈一线的资深插画师
优越的教学环境！高配置的学生机，免费提供电脑绘画板
有中国插画网强大的网络平台支持，能及时在中国插画网为学员推荐作品
成为插画中国签约插画师，享受插画接稿和插画业务、插画作品销售服务。

主办机构：

画数位艺术培训中心，插画中国下属培训教育机构。
注于职业插画、游戏原画、漫画、动画培训。主要开设课程有电脑职业插
（含青春插画、儿童插画、矢量时尚、写实言情插画风格）、游戏原画、
术手绘插画等。所有学员均可参加CCI职业插画师资格认证，通过评审的学
可获得相应CCI职业插画师资格认证证书。

咨询方式：

画中国北京培训中心
询QQ:1154070642 咨询QQ：1154149793
询电话:010-80619355

画中国武汉培训中心
询QQ:617327229
询电话:027-87565587
训地址:武汉鲁巷联合国际大厦13层1315室

查看详情请登陆中国插画网：www.chahua.com

平面帝国

/帝国访谈/我要设计师/我要做设计/我要学设计/中国设计机构/理事专区/

工作经验+创意训练

没有工作经验 就没有好工作

搶報熱綫 /广告平面设计/实训/实习/

029-8894 6351 138 918 12567

平面广告创意人物网

www.cmvk.com

欢迎入住《平面帝国》

/人才猎头/代理招聘/创意实习实训/设计师包装/创意策展/平面模特包装 经济/

插画/概念艺术/动画/设计

中国CG视觉艺术主导期刊

The Leadership Periodical Of Chinese CG Visual Arts

1,000,000读者的免费视觉盛宴

发行：www.CGFinal.com | 杂志：www.CGArt.cn | 本刊热线：135 6498 0868